WER IST DER ENTDECKER

DER

GEWÜRZ-INSELN

(MOLUKKEN)?

VON

Dr. O. WARBURG.

SONDER-ABDRUCK AUS DEN VERHANDLUNGEN DER GESELLSCHAFT FÜR ERDKUNDE ZU BERLIN. 1896. No. 2.

BERLIN 1896.

DRUCK VON W. PORMETTER.

June 1911

24531

Vor einigen Jahren wurde in der ganzen Welt die 400 jährige Er innerung der Entdeckung Amerikas gefeiert, und eine noch kürzere Spanne Zeit trennt uns von dem 400 jährigen Jubiläum der Entdeckung des Seeweges nach Indien. Geschichtliche Verhältnisse brachten es mit sich, daſs im Laufe der Jahrhunderte die Bedeutung der letzteren Entdeckung gegenüber der ersteren einigermaſsen zurücktrat; trotzdem dürfen wir nicht vergessen, daſs die Entdeckung Amerikas eigentlich nur ein Nebenprodukt, ja vielleicht besser gesagt, nur ein zufälliges Begleitresultat des Strebens des Entdeckungs-Zeitalters gewesen ist, was sich übrigens schon in dem den neu entdeckten Inseln gegebenen Namen West-Indien deutlich genug ausdrückt. Das Hauptziel jener merkwürdigen Epoche war eben die Erreichung Indiens und seiner Hinterländer, das heiſst derjenigen Gegenden, von denen schon seit Jahrhunderten so viele und wertvolle Stoffe, meistenteils Gewürze, nach Europa kamen, welchem Handel ja gerade die mächtigen Republiken Italiens, Venedig und Genua, ihren beispiellosen Reichtum hauptsäch- lich verdankten. Die Gerüchte über den Goldreichtum Indiens ver- mehrten noch die Begierde, diese Länder zu erreichen und wenn mög- lich in Besitz zu nehmen.

Eine natürliche Folge davon war, daſs die Portugiesen, als das nächstliegende Ziel erreicht, d. h. der Seeweg nach Indien entdeckt war, und sie in Vorder-Indien festen Fuſs gefaſst hatten, alsbald ihre Blicke auch noch weiter östlich schweifen lieſsen, da ja nur ein Teil der Gewürze seine Heimat in Vorder-Indien hatte, während gerade die wertvollsten, die Nelken und Muskatnüsse, nur in dem fern- sten Teil der asiatischen Inselwelt zu Hause waren, nämlich auf den Molukken, den deshalb sogenannten Gewürz-Inseln, die Nel- ken besonders auf den eigentlichen Molukken, Ternate, Tidore

1*

— 4 —

u. s. w., die Muskatnüsse vorwiegend oder fast ausschliefslich auf den Banda-Inseln.

Es mufste damals natürlich von dem gröfsten und auch von hochpolitischem Interesse sein, nähere Auskunft über diese bis dahin völlig unbekannten Gegenden zu erhalten; denn die früheren Reisenden, die vor der Entdeckung des Seeweges Süd-Asien besucht hatten, wie Marco Polo, Niccolo Conti[1]), Fra Oderico de Pordemone waren nicht weiter östlich als bis nach Java und Borneo vorgedrungen. Es ist klar, dafs der erste Entdecker, oder vielleicht richtiger gesagt, Besucher jener den malayischen Schiffern und Kaufleuten schon damals gut bekannten Gegenden ein berühmter Mann werden mufste, dessen Name mit ehernen Lettern in die Chronik des Entdeckungs-Zeitalters eingeschrieben zu werden verdiente. Trotzdem, wer kennt den Entdecker der Molukken? Während jede Einzelheit in der Entdeckungsgeschichte Amerikas den Stoff zu den verschiedensten kritischen Untersuchungen hat liefern müssen, blieb die Entdeckung der Molukken, die in ihren Folgen die ganze hohe Politik jener Zeit beeinflufste und zweifellos einen der wichtigsten Marksteine der gesamten Entdeckungsgeschichte darstellt, seltsamer Weise bis zum heutigen Tage durchaus vernachlässigt, obgleich sie, wie wir sehen werden, noch sehr der Aufhellung bedarf. Es laufen nämlich zwei völlig verschiedene Versionen über die erste Entdeckung der Molukken unvermittelt neben einander, von denen die eine einem Portugiesen, die andere einem Italiener die Ehre der Entdeckung zuweist.

Die bis vor kurzem allgemein angenommene Annahme beruht auf der Darstellung der alten portugiesischen Geschichtsschreiber; ihren Hauptausdruck findet sie in dem grofsen Quellenwerke von de Barros, *L'Asia* betitelt, wo der berühmte Verfasser desselben im zweiten, im Jahr 1561 gedruckten Bande (lib. 6 cap. 7) eine ausführliche Beschreibung der Ausrüstung der ersten Expedition nach den Molukken giebt. Da de Barros das Archiv der indischen Dokumente verwaltete, standen ihm natürlich die besten Quellen unmittelbar zu Gebote. Der Inhalt seiner Darstellung ist im wesentlichen der folgende: Nach der Eroberung Malakkas durch die Portugiesen im Jahr 1511 sandte d'Albuquerque sofort von dort eine kleine Flotte aus, welche sich nach den Molukken begeben sollte. Die Flotte bestand aus drei Schiffen und war mit 120 Portugiesen sowie einigen Malayen bemannt. Den Oberbefehl führte Antonio d'Abreo, die Führer der beiden nicht vom

[1]) In Sievers „Asien" ist auf der Karte S. 10 die Reise-Route Conti's fälschlich als über die Molukken gehend eingetragen.

Admiral selbst kommandierten Schiffe hiefsen Francisco Serrano und Simon Affonso, beides Edelleute (*da casa d'El Rey*).

Wenige Tage vor ihrer Abfahrt wurde noch ein mohammedanischer Eingeborener, Nehoda (Nakoda) Ismael in einer der dortigen Dschunken vorausgesandt, um allen Plätzen Javas und der Molukken mitzuteilen, dafs Malakka jetzt in den Händen der Portugiesen, die durch den Krieg unterbrochene Schiffahrt dorthin aber wieder offen sei, und dafs auch alle Waren des Westens dort vorrätig seien, wie die mitgeführten Proben bewiesen. Ferner sollte diese vorausgeschickte Dschunke den nachfolgenden grofsen Schiffen auch einen guten Empfang sichern.

Die Hauptflotte unter d'Abreo begab sich nun zuerst nach Java, nahm von dort in Agacai (Gressik, Grisse) malayische und javanische Piloten mit und gelangte in den Molukken zuerst nach der Insel Ambon, dann nach Banda, wo die Portugiesen von den schon darauf vorbereiteten Eingeborenen sehr freundlich aufgenommen wurden und gute Handelsgeschäfte machten. Es wurde ihnen sogar erlaubt, am Strande eine Säule mit dem Wappen König Emanuel's zu errichten, vermutlich ohne dafs die Eingeborenen ahnten, was der symbolische Sinn dieser Ceremonie sei. Da der Führer der Expedition auf seiner Rückreise wegen schwerer Stürme nicht zu den nördlichen, eigentlichen Molükken gelangen konnte, fuhr er nach Malakka und dann sofort nach Portugal zurück, um dem König Emanuel persönlich die wichtige Mitteilung zu überbringen, dafs der Weg nach Banda jetzt geöffnet sei. Die Freude sollte ihm aber nicht zu teil werden, denn er starb unterwegs, *inani spe delusus*, wie Maffei sich ausdrückt.

Wechselvoller und schliefslich vielleicht glücklicher war das Schicksal seines Unterbefehlshabers Francisco Serrano, der, wie erwähnt, bei der Abfahrt von Malakka das zweite Schiff der Flotte kommandierte. Dieses scheiterte nämlich auf der Fahrt nach Banda, die Mannschaft wurde jedoch gerettet und auf den anderen Schiffen mitgenommen. Auf Banda wurde eine Dschunke gekauft, die aber auf der Rückfahrt gleichfalls scheiterte, diesmal auf den Lucipara-Inseln; nur mit Mühe erwehrte sich Serrano der Seeräuber und zwang sie durch eine List, ihn nach dem nahen Ambon zu bringen. Dort erhielt er eine Botschaft des Königs von Ternate, der mit dem König von Tidore, seinem Schwiegervater, in Fehde lag und Serrano aufforderte, doch zu ihm nach den (eigentlichen) Molukken zu kommen. Serrano folgte, gewann grofsen Einflufs, heiratete dort und blieb dauernd daselbst. Seine Briefe, die er von dort an seinen Verwandten bzw. Freund Magellan schrieb, nach de Barros angeblich mit übertriebenen Angaben der Entfernungen sowie der Gröfse und Wichtigkeit der Inseln, bildeten ein Hauptmotiv für diesen, die berühmte Erdumsegelung in Angriff zu nehmen. Serrano erlebte aber nicht mehr die Ankunft der Reste von Magellan's Flotte, denn kurz vorher (1521) wurde er vergiftet.

Aus der kurzen Darstellung geht also klar hervor, dafs nach dieser Version d'Abreo der Entdecker von Ambon und Banda, Serrano dagegen derjenige der nördlichen Molukken gewesen sein mufs.

Die portugiesischen, spanischen und französischen Geschichtsschreiber der nächsten Jahrhunderte lehnen sich ausnahmslos[1]) dieser Darstellung an, und auch neuere Schriftsteller[2]) betrachten, auf die Autorität solcher Quellenwerke hin, d'Abreo und Serrano als die Entdecker jener wichtigen Inseln. Selbst heute noch ist diese Darstellung in fast allen Encyklopädien, in den neuesten Auflagen der Konversationslexika, in der populären Literatur, sowie in allgemeinen geographischen und geschichtlichen Werken die herrschende.

Nirgends in allen diesen Werken findet sich auch nur eine Andeutung, dafs die Molukken schon vorher von Europäern besucht worden seien; nirgends wird die zweite, hier gleich folgende Version auch nur gestreift, geschweige denn ein Versuch gemacht, sie zu widerlegen. So unbestritten erscheint allen diesen Autoren die Richtigkeit ihrer Angabe,

---

[1]) So z. B. Hieronymus Osorius in „De Rebus Emmanuelis" 1576 (S. 232b), Fray Antonio e San Roman in seiner 1603 in Valladolid erschienenen „Historia General de la India Oriental" (S. 218), Pierre du Jarric in seiner 1608 in Bordeaux herausgegebenen „Histoire des choses plus memorables tant ez Indes Orientales que autres pais de la descouverte des Portugais" (S. 189), Argensola in seiner 1609 in Madrid veröffentlichten „Conquista de las Islas Molucas" (S. 6), Manuel de Faria y Sousa in seiner 1703 in Lissabon erschienenen „Asia portuguesa" (I. S. 383), Jos. Mart. de la Puente in seinem 1681 in Madrid herausgegebenen „Compendio de las Historias de los descubrimientos, conquistas y guerras de la India Oriental y sus Islas" (S 189), Maffei in seinen „Historiarum indicarum libri" XVI (1761) und andere mehr.

[2]) So z. B. Crawfurd in seinem berühmten Werk: „History of the Indian Archipelago II" 1820 (S. 488), Sprengel in seiner „Geschichte der geogr. Entdeckungen" 1792 (S. 410), Soltau in seiner „Geschichte der Entdeckungen und Eroberungen der Portugiesen im Orient" 1821 (einem Auszug aus de Barros), Falkenstein in seiner „Geschichte der geographischen Entdeckungsreisen" 1828 (S. 32), Berghaus in seinem „Abrifs einer Geschichte der geographischen Entdeckungen" 1857, Peschel in seinem „Zeitalter der Entdeckungen" 1858 (S. 612), Major in „The Discoveries of Prince Henry the Navigator" 1877 (S. 268), selbst noch Bokemeyer 1888 in seinem „Die Molukken" betitelten Buch (S. 45) und viele andere.

dafs sie es nicht einmal für nötig erachten, speziell und detailliert
bei dieser Entdeckungsfahrt zu verweilen, sondern sie erzählen sie in
der schlichten Kürze und ungezwungenen Einfachheit, und dies gilt besonders auch für das Quellenwerk von de Barros, die bei absolut
sicheren Thatsachen am Platz ist, gewifs aber nicht in dem Fall in
Anwendung zu kommen pflegt, wo ein Verfasser sich bewufst ist,
irgend etwas wesentliches verschwiegen zu haben oder gar absichtlich
etwas wichtiges verdunkeln oder unterdrücken zu wollen. Überhaupt
legt namentlich de Barros, als Historiograph seines Volkes, der Thatsache der Entdeckung der Molukken als solcher gar keine besondere
Wichtigkeit bei, sondern ihm handelt es sich mehr um die Darstellung
der Thaten von d'Albuquerque, so dafs es sogar möglich ist, dafs er
die andere Version vielleicht gekannt, es aber nicht für der Mühe wert
gehalten hat, darauf näher einzugehen.

Die zweite Version knüpft an den Namen des Italieners
Ludovico Barthema (oder Varthema), angeblich aus Bologna an, der
auf seiner grofsen aus Abenteuerlust unternommenen Reise durch Syrien,
Arabien, Persien, Indien schliefslich nach seinen eigenen Angaben auch
die Molukken besuchte und auch in seinem Reisewerk einen verhältnis-
mäfsig ausführlichen Bericht über die Episode gegeben hat. Diese Reisebeschreibung erschien zuerst in italienischer Sprache in Rom im Jahr
1510 im December, also zweifellos, bevor Malakka durch die Portugiesen
erobert worden war, und demnach auch, bevor d'Abreo mit der portugiesischen Flotte nach den Molukken abfuhr. Das Werk erregte sofort grofses Aufsehen, schon sechs Monate nach dem Erscheinen (am
25. Mai 1511) hatte der Mönch Archangelus Madrignanus von der
Abtei zu Clairvaux eine lateinische Übersetzung vollendet, 1515 erschien
in Augsburg eine deutsche Übersetzung, im folgenden Jahr in Strafs-
burg wiederum eine deutsche und in Rom eine zweite italienische
Ausgabe, 1518 wurde das Werk abermals in Italien, diesmal in Venedig,
sowie gleichzeitig wieder in deutscher Sprache in Augsburg gedruckt,
1519 erschien eine italienische Ausgabe in Mailand, und 1520 wurde
sogar selbst eine spanische Übersetzung gedruckt. Auch später erlebte diese Reisebeschreibung noch zahlreiche Auflagen; allein aus
dem 16. und 17. Jahrhundert kennen wir im ganzen mindestens 12 italienische, 10 deutsche, 4 lateinische, 4 spanische, 3 holländische,
2 englische und 1 französische Ausgabe, zusammen also etwa 36 verschiedene Drucke, womit aber die Zahl der wirklich erschienenen
noch nicht erschöpft sein mag. Wenn irgend etwas, so ist die Zahl
der Drucke zweifellos ein Beweis, welche Bedeutung man dem Werk
damals zuschrieb, während der Umstand, dafs dasselbe schon gleich
im ersten Jahrzehnt nach dem Erscheinen so viele Auflagen und

Übersetzungen erlebte, klar zeigt, welch aufserordentliches Aufsehen diese Reisebeschreibung noch während des eigentlichen Endeckungs-Zeitalters gemacht haben mufs.

Barthema unternahm diesen Teil seiner grofsen Reise mit seinem persischen Freund und Begleiter unter Führung von nestorianischen Christen aus Sarnau[1]), die er in Banghella (Bengalen) getroffen hatte und mit denen er über Pegu und Malakka nach Pedir (Pider) nahe der Nordost-Spitze von Sumatra gereist war. Dort äufserte der Begleiter Barthema's nämlich den Wunsch, die verschiedenen Sorten Gewürze und deren Heimat zu sehen. Die Christen sagten ihm, dafs Muskat und Macis auf einer 300 Meilen entfernten Insel wüchsen und der Weg dorthin zwar frei sei von Räubern, dafs die Seefahrt aber nicht ohne Gefahren sei; auch wäre ein grofses Schiff untauglich, und man müsse kleine Sampans (Chiampana) dazu kaufen. Zwei vollständig ausgerüstete und mit Mannschaft versehene Schiffchen wurden demnach auch besorgt. Obgleich die Christen nun beabsichtigten, in die angeblich 3000 Meilen entfernte Heimat zurückzukehren, änderten sie doch ihre Pläne, als ihnen erzählt wurde, Barthema sei trotz seiner mohammedanischen Verkleidung kein Perser, sondern von Geburt ein Christ, er wäre aber als 15 jähriger Jüngling in Jerusalem als Sklave verkauft worden; in der Hoffnung, etwas über die ihnen so sehr am Herzen liegende heilige Stadt zu hören, änderten sie nun ihren Plan und schlossen sich ihm auf der Reise nach den Molukken an. Nach fünfzehn Tagen kamen sie nach der „Insel Bandan, wo die Muskatnüsse und Macis wächst"; nachdem sie dort einige Tage geblieben, fuhren sie in zwölf Tagen nach der „Insel Monoch (Molucco), wo die Gewürznelken wachsen". Von hier ging dann die Reise über Bornei (Borneo) (nach Barthema etwa 200 Meilen von Monoch entfernt) nach Java (fünf Tage von Bornei entfernt) und schliefslich zurück nach Malakka, wo sich die Christen von Sarnau von unserm Reisenden trennten. Barthema fuhr nach Vorder-Indien zurück und gelangte nach vielen Abenteuern im Jahr 1508 in die Heimat. Die einzige Auszeichnung, die ihm zu teil wurde, bestand darin, dafs er in Indien wegen seiner Verdienste um die Portugiesen von dem Vizekönig in den Ritterstand erhoben wurde und der König Emanuel ihm den Adel bestätigte.

Was nun die Molukken-Reise Barthema's betrifft, so giebt er selbst freilich keine deutlichen Zeitbestimmungen; dennoch läfst sich aus verschiedenen Angaben mit Sicherheit feststellen, dafs diese Fahrt nur im

---

[1]) Die Lage dieses Ortes ist zweifelhaft (vgl. Badger in: Hakluyt Soc. ed. Barthema LXXXIII und S. 213 Nota[1].

Jahr 1505 (nicht, wie verschiedentlich angegeben, 1506) stattfinden
konnte[1]). Es ist demnach durchaus sicher, dafs Barthema's Reise in

---

[1]) Barthema brach nach seiner Angabe am 8. April 1503 von Damaskus auf,
feierte am 23. und 24. Mai desselben Jahres mit dem grofsen Pilgerzug in Mekka
das Beiramfest, machte dann noch gröfsere Reisen durch Arabien, war aber zwei
Monate in Gefangenschaft, so dafs schon nach der Addition seiner eigenen Angaben mindestens noch 4½ Monate vergangen sein müssen, bis er von Aden auf-
brach; da er fast stets nur die Dauer der Routen, nur selten die Dauer seines
Aufenthaltes in den einzelnen Orten angiebt, mufs aber die Addition seiner Angaben notwendiger Weise zu kleine Zahlen ergeben. Durch Stürme aufgehalten
und verschlagen, konnte er erst nach weiteren 14 Tagen von Berbera aufbrechen,
um nach Indien zu fahren. Da nach seiner Angabe diese Fahrt nur 12 Tage
dauerte, so kann sie keinesfalls während des Nordost-Monsums unternommen
worden sein, wogegen unter anderem auch spricht, dafs eine ganze Flotte von
25 anderen Schiffen, welche jährlich nach Aden kam, um den Foowwah-Farbstoff
von dort zu holen, gleichzeitig mit ihm von Aden aufgebrochen war. Es
richtete sich nämlich die damalige Schiffahrt der Araber und Inder, wie noch heute
die Segelschiffahrt, durchaus nach den herrschenden Winden, und es ist nicht
annehmbar, dafs ganze Flotten freiwillig gegen den Wind so grofse Reisen, wie
von Aden nach Indien, unternahmen. Da aber Ende Oktober, welche Zeit wir
als früheste Möglichkeit seiner Reise nach Indien ansetzen können, schon der
nordöstliche Monsum vorherrscht, so sind wir sowohl wegen der Kürze der Fahrt,
als auch wegen der gleichzeitig mit ihm abfahrenden Flotte gezwungen, anzunehmen,
dafs Barthema's Reise nach Indien in den Frühling des nächsten Jahres (also 1504)
fällt. Den Aufenthalt in dem Golf von Cambay und Guzerat sowie seine persische
Reise nach Maskat, Ormuz, Herat und Schiraz können wir nach seinen Angaben
und Wegeberechnungen zusammen auf etwa vier Monate schätzen, und ebensoviel
müssen wir mindestens für die Rückreise nach Indien und sein langsames Hinab-
fahren an der Küste bis Calicut annehmen, da schon über 2½ Monate durch direkte
Angaben des Reisenden belegt sind. Wäre er im Herbst 1503 schon nach Indien
gefahren, was, wie wir eben sahen, auch wegen der Monsun-Verhältnisse ausgeschlossen erscheint, so würde die Reise nach Herat in den Winter fallen, was
gleichfalls an sich schon unwahrscheinlich ist, zumal da niemals Kälte oder Schnee
erwähnt wird. So aber fiel diese Reise in den Frühling oder Anfang des Sommers,
die Reise längs der indischen Küste südwärts in das Ende des Sommers und in
den Herbst, also noch in die Zeit des dafür besonders geeigneten Nordost-Windes.
Barthema war also in Calicut im Herbst des Jahres 1504. Eine Bestätigung finde
ich darin, dafs Barthema auf dieser Reise längs der Küste die südlich von Goa
gelegene Insel Anzediva besuchte und bespricht, ohne ihre Eroberung durch die
Portugiesen zu erwähnen. Diese fiel nämlich in das Jahr 1505, nachdem schon
im September 1504 Portugiesen dort von Lopo Soarez angetroffen worden waren.
Es ist demnach der Schlufs berechtigt, dafs Barthema die Insel vor 1505 besuchte.
Ein schlagenderes, weil positives, Argument besteht aber darin, dafs Barthema ein
grofses Hindufest in Calicut schildert, zu dem von weither das Volk hinzuströmte,
und zwar fällt das Fest auf den 25 December. Dafs er nicht nur Gehörtes, sondern

einen sehr viel früheren Zeitraum fällt, als die von Albuquerque aus-
gesandte Expedition. Dafs Barthema der eigentliche Entdecker der
Molukken sei, haben aber erst in neuerer Zeit holländische Historiker
und Geographen erkannt, und zwar zuerst wohl nur Spezialforscher
über die Molukken; seitdem hat diese Annahme in der holländischen

Selbsterlebtes berichtet, geht daraus hervor, dafs er sagt, in Wahrheit habe er,
aufser in Mekka, nie so viel Volks gleichzeitig zusammen gesehen. Da er im
December 1503 ja unter keinen Umständen schon in Calicut sein konnte und der
December 1505 schon wegen der oben gemeldeten Thatsache inbetreff der Insel
Anzediva ausgeschlossen ist, völlig aber durch die gleich folgenden Erwägungen,
so kann eben nur das Jahr 1504 in Frage kommen. Auch seine Angabe, dafs
die Stadt in beständigem Krieg mit Portugal sei, bildet keinen ernsten Einwand;
denn nicht nur Pedro Alvarez Cabral und Vasco de Gama hatten in den Jahren
1501 bis 1503 Kämpfe mit dem Samorin von Calicut, sondern gerade im September 1504 hatte (nach de Barros) Lopo Soarez die Stadt beschossen.
    Diese unsere Annahme wird nun noch durch zwei weitere Gründe gestützt,
welche die Grenzen nach zwei Seiten hin festlegen. Nach seiner eigenen Angabe
befand sich Barthema am 12. März 1506 schon wieder längere Zeit in Canonor.
Über 3 Monate später wurde er portugiesischer Waren-Verwalter (Faktor), mehrere
Monate darauf wurde er von Cochin nach Canonor gesandt, um einen Betrugsfall
zu untersuchen. Während dieser Zeit starb der König von Canonor, sein Nach-
folger erhob sich gegen die Portugiesen, und es kam zum Krieg gegen ihn vom
27. April bis 17. August 1507; dieser Krieg wird auch von de Barros für das
Jahr geschildert. Nachdem Barthema 1½ Jahr Faktor gewesen, also etwa im
Winter 1507, reist er von Indien ab, und in der That giebt er den 6. December
als Tag der Abreise an, nachdem am 24. November der Angriff auf den Hafen
Pannani stattgefunden hatte, was gleichfalls mit den Angaben der Historiker ziemlich übereinstimmt. Selbst die Abreise stimmt gut mit de Barros, da Tristan da
Cunha, der nach Barthema Zeuge seiner Ritterstands-Erhebung war, in der That
im December mit seiner Flotte Canonor verliefs, und am 9. Januar in Mozambique
war, an welchem Ort die Flotte nach Barthema 15 Tage aufhielt. Jedenfalls
sieht man aber aus den vielerlei Bestätigungen durch geschichtliche Thatsachen (wir
werden unten auch sehen, dafs de Barros und andere Schriftsteller Barthema für das
Jahr 1506 überaus deutlich erwähnen), dafs die angegebenen Jahreszahlen richtig sind,
dafs Barthema also 1506 schon wieder in Canonor war. Die Flucht von Calicut dorthin,
die er auf den 3. December (in der Hakluyt Edition steht, wohl versehentlich, 3. September, in der Einleitung dagegen 3. December) legt, fiel demnach in das Jahr
1505. Hiermit stimmt freilich nicht die Angabe, dafs es ein Donnerstag gewesen
ist; denn nach den Tabellen, sowie nach den Berechnungen fällt der 3. December
(sowie auch der 3. September) 1505 auf einen Mittwoch, dagegen für 1506 auf
einen Donnerstag. Doch ist ja letzteres Jahr völlig ausgeschlossen, und man mufs
demnach einen Irrtum Barthema's annehmen. Barthema's Reise in die östlich von
Indien liegenden Länder ist also hierdurch eingeengt auf das Jahr 1505, indem er
am 25. December 1504 das Hindufest in Calicut mitmachte und am 3. December
1505 Canonor auf seiner Flucht von Calicut erreichte.

Literatur schon weitere Verbreitung gefunden[1]). In die nichtholländischen Geschichtswerke und Kompendien ist die Thatsache der Entdeckung der Molukken durch Barthema dagegen bisher noch wenig eingedrungen; aber es unterliegt keinem Zweifel, dafs nach den bisher zu Recht bestehenden Thatsachen diese sich jetzt langsam bahnbrechende Ansicht die einzig richtige sein würde, und dafs Barthema demnach augenblicklich als der Entdecker der Molukken zu gelten hat.

Wenn hierdurch nun auch unsere Titelfrage scheinbar endgültig beantwortet ist, so stellen sich bei näherer Überlegung allerlei Zweifel und Bedenken ein, die sich nicht ohne weiteres unterdrücken und beschwichtigen lassen. Wie kommt es, fragt man unwillkürlich, dafs ein so bekanntes Buch wie dasjenige von Barthema in Bezug auf die Molukken-Frage so vollkommen übersehen werden konnte? Wenn vielleicht auch die Portugiesen kein Interesse daran gehabt haben mögen, den Italiener Barthema zu verherrlichen, so hätten doch die sonst nicht so schweigsamen Italiener gewifs Grund dazu und ein Recht darauf gehabt, den Entdeckerruhm ihres Landsmannes zu wahren? Wie kommt es, dafs $3^{1}/_{2}$ Jahrhunderte verstreichen mufsten, bis diesem doch sonst so gefeierten und viel gelesenen Mann in Bezug auf die Molukken-Entdeckung sein Recht zu Teil wurde, und zwar erst durch die Gründlichkeit und Gerechtigkeitsliebe der Holländer, eines diesen ersten Entdeckungen sehr fern stehenden Volkes? War dies wirklich nur Mangel an historischem Interesse oder an Kritik, oder war böser Wille im Spiel, oder war vielleicht die ganze Sache zweifelhaft?[2]).

---

[1]) Um nur einige Beispiele anzuführen, findet sich diese Version in dem gehaltvollen Aufsatz „De Moluksche Eilanden" in der Tijdschrift van Nederlandsch Indie (1856 I S. 102), ferner in Buddingh's Reisewerk (Neerlands Oost-Ind. Reizen 1852—57), namentlich auch in Veth's gediegenem „Aardrykskundig en statistisch Woordenboek van Nederlandsch Indie" I (1869) S. 64 sowie in Gerlach, „Nederlandsch Oost-Indie" (1874) I S. 24. Übrigens giebt schon Valentyn in seinem grofsen Quellenwerk „Oud en Nieuw Oost-Indie" (Ausgabe S. Keysers Amsterd. 1862 I S. 608) das Jahr 1506 für die Reise von Lodewyk di Bartoma in die Molukken an.

[2]) In der That hatte der Mediziner Garcia ab Orto, der sich in der zweiten Hälfte des 16. Jahrhunderts längere Zeit in Indien aufhielt, nach anfänglichem Vertrauen später doch starke Zweifel an der Glaubwürdigkeit Barthema's, von dem, wie er angiebt, einige Portugiesen behaupten, er sei überhaupt nicht weiter vorgedrungen als bis Calicut und Cochin, Bedenken, die der französische Übersetzer A. Colin als ungerechtfertigt zurückzuweisen sucht. (Histoire des drogues espiceries u. s w. 1619 S. 38 ff.) Andere Bedenken der Zeitgenossen Barthema's habe ich nicht auffinden können, ohne natürlich behaupten zu wollen, dafs sich solche nicht vielleicht doch noch bei gründlicherem Studium der portugiesischen Literatur ergeben dürften.

Waren derartige Bedenken einmal angeregt, so erhielten sie von anderer Seite bald reichliche Nahrung. Eine genaue Betrachtung der Angaben Barthema's über die Molukken ergab sofort einige merkwürdige Einzelheiten, die absolut nicht zu dem stimmen, was wir aus anderen Quellen über die Inseln wissen. Die zuerst natürlich nur schwachen und zaghaften Bedenken und Einwendungen gegen die Wahrheitsliebe Barthema's steigerten sich im Laufe der Untersuchung immer mehr, und schliefslich konnte ich mich dem Endurteil nicht mehr entziehen, dafs der ganze die Molukken-Reise betreffende Abschnitt des Barthema'schen Reisewerkes der reellen Basis ermangelt und ein auf Hörensagen, bzw. auch auf Lektüre beruhendes Phantasieprodukt darstellt, mit anderen Worten, dafs Barthema die Molukken überhaupt niemals besucht hat[1]).

Was mir persönlich zuerst an der Reise Barthema's auffiel, war die sonderbare Schilderung desjenigen Gegenstandes, der mich zufälligerweise veranlafst hatte, seine Reisebeschreibung aufzuschlagen. Da es sich bei mir um die Sammlung der ältesten Angaben in Bezug auf die Muskatnufs handelte, kam ich naturgemäfs dazu, die Frage nach der Entdeckung der Molukken aufzustellen, und da diese nicht klar gelöst werden konnte, sah ich mir näher an, was Barthema über die Muskatnufs sagte. Es heifst bei ihm: „Der Stamm der Muskatnufs ähnelt dem Pfirsichbaum und bringt auch seine Blätter in ähnlicher Weise hervor; aber die Zweige sind dichter, und bevor die Nufs zur Vollkommenheit gelangt, steht die Macis wie eine offene Rose darum, und wenn die Nufs reif ist, umhüllt die Macis sie, und so sammeln sie dieselbe im Monat September". Von der Ähnlichkeit mit dem Pfirsichbaum wollen wir ganz absehen. Es ist sehr schwer zu verstehen, wie jemand, der die hohen schattigen Muskatbäume Bandas gesehen hat, einen solchen Vergleich anstellen kann[2]); dennoch hat sich auf die

---

[1]) Nachträglich finde ich in der Einleitung einer mir bisher nicht zugänglich gewesenen neueren französischen Ausgabe (Les Voyages de Ludovico di Varthema in „Recueil de Voyages et de Documents pour servir à l'hist. de la géographie depuis le 13. jusqu'à la fin du 16. siècle" vol. IX 1888), dafs der gelehrte Herausgeber Ch. Schefer gleichfalls ernste Bedenken gegen die Reise Barthema's nach den Molukken, und sogar nach Malakka und Pedir äufsert; doch läfst er sich auf eine wirkliche Begründung kaum ein, und streift nur einzelne der von uns ausführlich behandelten Argumente mit wenigen Worten. Ebenso giebt P. A. Tiele: „De Europeers in den Maleischen Archipel" I („De Vestiging der Portugeezen in Indie"), De Gids, Amsterdam 1875, nach Schefer einzelne Beweise gegen die Richtigkeit, aber auch ohne tiefer in die Frage einzudringen.

[2]) Nur junge Bäume lassen sich eventuell mit Pfirsich vergleichen, besser freilich noch, wie Barbosa es thut, mit Lorbeer.

Autorität Barthema's hin dieser Vergleich Jahrhunderte lang selbst in botanischen Werken erhalten, und die allerseltsamsten Abbildungen (mit gezähnten Blättern u. s. w.) gezeitigt. Dafs aber die Macis um die unreife Nufs wie eine offene Rose herum steht, zeigt eine derartige Verkennung des wahren Thatbestandes, dafs es undenkbar erscheint, ein Mann, der gerade zu dem Zweck die Inseln besuchte, um die Muskatnufs wachsen zu sehen, könnte so etwas schreiben. Von der äufseren Schale, die der grünen Schale der Wallnufs entspricht, hatte Barthema also offenbar gar keine Kenntnis, während die fast gleichzeitig lebenden Reisenden Barbosa und Pigafetta, die beide nicht einmal die Banda-Inseln besucht haben, die Nüsse ganz richtig beschreiben. Dafs die Nüsse im Monat September gesammelt werden, ist gleichfalls nicht ganz richtig. Sie reifen nämlich fast das ganze Jahr und werden demnach auch fast das ganze Jahr oder wenigstens in längeren Perioden gesammelt, sowohl heute wie nach alten Quellen auch in früheren Zeiten, und da Barthema schon nach seinen eigenen Angaben nicht im September auf Banda sein konnte, mufste er es doch auch wissen.

Ebenso verkehrt ist, wenn er über den Nelkenbaum sagt, er sei genau wie der Buchsbaum, das heifst dick, und das Blatt wie das vom Zimmt, aber etwas rundlicher, und von ähnlicher Farbe, die fast wie das Blatt des Lorbeers sei. Ähnlichkeit mit dem Buchsbaum ist überhaupt nicht vorhanden, und rundlicher als die Blätter des Ceylonzimmt ist das Nelkenblatt sicher nicht; die Ähnlichkeit der Farbe mit Zimmet und Lorbeer mag schon eher stimmen. Barbosa hingegen beschreibt die Bäume viel richtiger wie Lorbeer mit Blättern von Arbutus. Dafs die reifen Nelken mit Rohr- (Bambus) Stöcken abgeschlagen und auf Matten aufgefangen werden, könnte wohl möglicherweise richtig sein; aber auch hier sagt der so zuverlässige, fast gleichzeitige Barbosa umgekehrt (Hakluyt Soc. ed. S. 201), dafs sie mit der Hand gepflückt werden[1]). Er beschreibt auch das Trocknen in der Sonne bzw. im Rauch, die Farbenänderungen und das Besprengen mit Salzwasser, was alles Barthema wohl entgangen sein mufs.

Hierdurch schon ziemlich mifstrauisch geworden, sehen wir uns die geographischen Angaben etwas näher an. Was finden wir über die Banda-Inseln angegeben? Banda ist nach Barthema eine Insel, die sehr häfslich und düster ist, etwa 100 Meilen im Umfang hat und ein sehr niedriges und flaches Land darstellt, auch sind dort die Jahreszeiten wie bei

---

[1]) Valentyn giebt an, dafs vor 1465 die Ternatanen noch die Nelken mit den Zweigen abhackten („Oud en Nieuw Oost Indie", Ausg. von S. Keyser, Amsterdam 1862 I S. 607).

uns. Wir trauen unserm Auge kaum; jene reizende Gruppe kleiner, hochbergiger, vulkanischer Inseln, die zu den anziehendsten Gegenden des Malayischen Archipels gehört, soll eine einzige flache und niedrige[1]), häfsliche[2]), sehr grofse Insel sein, und die Jahreszeiten 4[0] vom Äquator sollen den unsrigen entsprechen? Alle Inselchen (6 gröfsere und 5 ganz kleine) bedecken zusammen 44 qkm, also noch nicht eine einzige Quadratmeile (grofse Umwälzungen seitdem sind völlig ausgeschlossen), und sind aufserdem von der See aus gleichzeitig fast sämtlich übersehbar[3]). Der noch thätige, sofort die Blicke eines jeden Besuchers fesselnde Vulkan Gunong Api ist 600 m hoch, und die Durchschnittskammhöhe der durchaus gebirgigen, steilen, vielfach nur durch Treppen zugänglichen Hauptinsel Lontor beträgt 100—200 m, mit einzelnen Kuppen von 250—460 m Höhe. Wie kann man da von eben und flach reden?[4]) Auch hier wiederum ist die fast gleichzeitige Schilderung Barbosa's (Hakluyt Soc. ed. S. 199), der nicht dort war, viel richtiger: er spricht von fünf sehr dicht zusammenliegenden Inseln, die ein Loch zwischen sich lassen, in welches die Schiffe von zwei Seiten hineinfahren[5]).

Von der Nelken-Insel Monoch (Molucco), etwa unserm Ternate

[1]) Wollte man zu Gunsten Barthema's annehmen, dafs er unter niedrig (*basso*) eine niedrige Polhöhe verstand, so bliebe doch immer noch das Wort flach (*piano*).

[2]) Häfslich können die Inseln schon deshalb nicht sein, weil sie ungemein malerisch um den Vulkan gruppiert sind, so dafs stets hübsche durch Seearme unterbrochene Berglandschaften sichtbar werden. Düster kann die Landschaft auch nicht sein, da die Muskatbäume, die auch zu jener Zeit, wie ich anderswo gezeigt habe, die ganzen Inseln bedeckt haben müssen, in prächtigen schattigen, aber nicht düsteren Hainen wachsen.

[3]) Die gröfste Insel, Lontor, ist 11 km lang und höchstens 3 km breit; Neira ist 3 km lang und halb so breit, Ay ist eine Insel, die nach Rumpf 2000 Schritt nicht in sich hält, und Rhun, welches übrigens nach Rumpf früher nur wenig Muskatbäume besessen haben soll, ist kaum gröfser. Dabei liegen sie alle so nahe, dafs die gröfseren Inseln der Gruppe sämtlich sofort in die Augen fallen, so dafs es auch ganz undenkbar erscheint, dafs jemand, der dort gewesen ist, das Wort Banda-Insel im Singular anwenden kann, ohne wenigstens die Nebeninseln dabei zu erwähnen.

[4]) Die dritte der inneren Inseln der Gruppe, Neira, ist gleichfalls durchaus bergig und besitzt bis zu 200 m hohe Punkte. Die Aufseninsel Ay ist zwar bedeutend flacher, besitzt aber immerhin noch bis 100 m hohe Erhebungen, und die Insel Rhun erreicht gleichfalls noch 180 m.

[5]) Pigafetta, der Reisebegleiter Magellan's, der die Banda-Inseln doch nur aus Mitteilungen anderer kennt, erwähnt die Insel Bandan nebst 13 anderen Inseln, die er aufzählt, und von denen es bei dem gröfseren Teil gelingt, die Namen mit den noch jetzt für die einzelnen Banda-Inseln gebräuchlichen zu identifizieren; auf sechs

oder Tidore entsprechend[1]), sagt er, sie sei viel kleiner[2]) als Banda, und die Luft ist etwas kälter[3]), das Land sei sehr niedrig und der Nordstern sei von hier nicht mehr sichtbar. Barthema lebt also offenbar der Ansicht, dafs sie südlich von Banda liege, während sie sich im Gegenteil, wenn nicht gerade Batjan gemeint ist, noch etwas nördlich vom Äquator befindet, so dafs der Nordstern doch noch sichtbar ist; auch ist das Land nicht niedrig, sondern überaus hoch und vulkanisch-gebirgig[4]). Er sagt, die Gewürznelken wüchsen auch auf vielen anderen benachbarten Inseln, aber diese seien klein und unbewohnt; gerade das Gegenteil ist aber der Fall. Unmittelbar vor den verschiedenen kleinen, damals schon stark bewohnten und in ewigen Kämpfen sich bekriegenden Inseln erstreckt sich die grofse, schon damals nelkenreiche, gleichfalls bewohnte Insel Halmaheira, die sowohl von Ternate als auch von Tidore aus durchaus nicht übersehen werden kann.

Noch schlimmer fast sind die Mifsgriffe, die Barthema that, indem er die Bevölkerung der Gewürz-Inseln schildert. Von Banda sagt er: Die Häuser sind auf dieser Insel aus Holz, sehr düster und niedrig. Es giebt dort keinen König noch selbst ein Oberhaupt, dagegen sind dort einige Bauern wie Tiere ohne Vernunft. Ihre Kleidung besteht aus einem Hemd, sie gehen barfufs, ohne Kopfbedeckung; ihr Haar ist lang, das Gesicht breit und rund, ihre Farbe weifs und ihre Statur klein. Ihr Glaube ist heidnisch, aber sie sind von der so sehr

---

von den Inseln wachsen nach ihm die Muskatbäume. — Dafs der einige Jahrzehnte später schreibende de Barros die Namen der Hauptinseln der Banda-Gruppe richtig angiebt, ist nicht anders zu erwarten.

[1]) Die fünf Inseln, Ternate, Tidore, Makian, Motir und Batjan wurden in jenen Zeiten Molukken genannt, nicht wie jetzt der ganze östliche Teil des Archipels, selbst Ambon gehörte nicht zu den Molukken. So sagt schon wenige Jahre später Barbosa: Jenseits dieser Inseln (Dandon, offenbar -= Ambon) 25 Leguas weiter nach Nordost liegen fünf Inseln, eine vor der anderen, welche Maluco genannt werden, wo alle Gewürznelken wachsen. Die erste heifst Bachan, die zweite Maquian, die einen sehr guten Hafen besitzt, die dritte heifst Motil, die vierte Tidory und die fünfte Ternati. Der Sultan dieser letzteren Insel herrschte früher über alle die Nelken-Inseln, aber jetzt haben sich alle vier empört und ihren eigenen König (sie waren also demnach alle bewohnt). Die Berge dieser fünf Inseln sind ganz mit Nelkenbäumen bedeckt. Auch Pigafetta nennt übrigens nur die nördlichen fünf Inseln Malucco und beschreibt sie gleichfalls durchaus richtig. Ternate und Makian waren damals die wichtigsten Nelken-Inseln.

[2]) Es trifft für keine der fünf Inseln zu, dafs sie viel kleiner seien als Banda.

[3]) Das Klima ist durchaus nicht kälter als in Banda.

[4]) Dies trifft für sämtliche fünf Molukken-Inseln zu.

trübseligen Sorte der Poliar und Hirava von Calicut[1]). Sie haben
sehr schwachen Verstand und geringe Leibeskräfte und leben wie
Tiere. Gerichtsbarkeit ist hier unnötig; denn das Volk ist so dumm,
dafs es selbst, wenn es übel thun wollte, nicht wissen würde, wie es
anzustellen sei. Jeder sammelt so viel Muskatnüsse, wie er kann, da
alle gemeinsames Eigentum sind, und keinerlei Arbeit wird auf die
genannten Bäume verwandt, sondern man überläfst es der Natur, ihre
eigene Arbeit zu thun. Die Nüsse werden nach einem 26 Pfund enthalten-
den Mafs für einen halben Carlino verkauft; Geld cirkuliert hier wie
in Calicut. — Welch ein Widerspruch liegt hierin; die Leute werden
wie Tiere dargestellt und besitzen doch schon Mafse und feste Preise
sowie südindisches Geld? In Wirklichkeit lagen die Verhältnisse
gerade umgekehrt, wie wir aus vielerlei Berichten genau wissen.
Die Bandanesen waren ein schlaues, thatkräftiges, sehr gewitztes
Handelsvolk[2]), das zu Streitigkeiten[3]) und Tücke[4]) geneigt und im
Kriegführen[5]) bewandert war; sie waren gröfstenteils schon zum

---

[1]) Dies sind nach Barthema die allerniedrigsten, in den erbärmlichsten Verhältnissen lebenden indischen Kasten.

[2]) Die Männer beschäftigen sich mit dem Handel, die Weiber mit dem Feld
bau. (De Barros).

[3]) Da der Rat der Alten oft verschieden lautet, so giebt es viel Streitigkeiten.
Diejenigen, die in den Seehäfen wohnen, behaupten insgemein die Oberhand, weil
alle Ausfuhr und Einfuhr durch ihre Hände geht (de Barros); in ähnlicher Weise
äufsert sich Maffei, die Bandanesen seien trotzigen Sinnes.

[4]) Linschoten (Hakluyt Soc. ed. I S. 115) sagt, es seigefährlich, daselbst zu
landen; man thue gut, umgekehrt die Insulaner an Bord kommen zu lassen, denn
es sei ihnen nicht zu trauen. So sei z. B. ein Kapitän seiner Bekanntschaft, der
sich ans Land wagte, gefangen genommen und zwei Jahre elendiglich festgehalten
worden, bis er ausgelöst worden sei.

[5]) Dafs sie recht kriegerisch waren, haben auch die Holländer später zur
Genüge erfahren. Sie trugen, wenigstens um 1600, breite schwere Säbel, deren
Handgriffe mit Zinn belegt waren, hölzerne, zwei Ellen lange Schilde zum Aufsetzen
auf die Erde, auch Wurfspiefse aus hartem Holz, vorne spitz wie ein Pfriemen,
Waffen, die auch noch viel später, zur Zeit Mandelslo's (1668) auf der Insel bewahrt
und bei festlichen Gelegenheiten hervorgeholt wurden. Auch die Bedienung von
Geschützen lernten sie im Beginn des 17. Jahrhunderts sehr schnell unter Anleitung
der Engländer. In der Reisebeschreibung der holländischen Expedition von 1598/1600
heifst es (Joh. Theodor und Joh. Israel de By, Orient. Reisen. 5. Teil. Frankf.
1601) S. 37: Es seyn gar kluge verständige Leute zu Kriege und können einander darin
lustig tummeln. S. 36: Sie haben grofse Säbeln, die sie nennen Padang, und wissen
gar wol damit umbzugehen, denn ihre Kinder von jugendt auff darzu gewohnet
werden, dass sie mit der Wehre lehrnen umbgehen und schietzen (vgl. auch S. 33).
Mehr so haben sie auch gemeiniglich Spiesse ausz sehr hartem Holtz gemacht, damit sie gar gewiss werffen können, wie wir offt gesehen haben; wenn sie (S. 33)

Islam[1]) übergetreten und besafsen durchaus geregelte Gerichtsverfassung. Während es um 1500 auf Banda noch vier Könige gab, deren Gebiete Labetakka, Celamme, Wayer und Rosengain waren, und deren Nachkommen noch 1610 lebten, trat kurze Zeit darauf an ihre Stelle ein Rat der Alten; doch behielten die Könige einen Ehrenplatz in den Versammlungen[2]). Das Gemeineigentum der Muskatwälder war nicht anarchisch, sondern beruhte auf ganz festen Normen[3]). Feste Preise dagegen besafsen sie nicht, ebensowenig natürlich Geld, der Handel bestand sogar noch 100 Jahre später in einem mühsamen Tauschverkehr[4]); dagegen gab es wichtige Stapelplätze mit regulären Be-

---

diese Spiesse verworffen haben, so streiten sie mit ihren Säbeln und Schilden, bisweilen auch mit ihren Rohren, aber sehr wenig, die Sturmhauben seynt bey inen sehr angenem, und halten derfür, dass sie sicher seyn, wenn sie ein Sturmhut auffhaben. Auch noch andere Waffen haben sie (S. 36), wie z. B. krumme Schiffshaken mit Stecken, an denen ein schmales Körtelein gebunden ist; dieser wird in den Leib geworfen und angezogen, die Edelleute tragen auch ein Korselet (Harnisch). Auf ihren Galeeren haben sie auch viel Rohre und metallene Büchsen.

[1]) Nach de Barros (ebenso nach Maffei) sind die Bandanesen Mohammedaner, nach Barbosa dagegen, dessen Buch nur wenige Jahre nach Barthema's erschien, sind die Einwohner von Banda teils Heiden, teils Mohammedaner.

[2]) Ein in den „Bijdragen tot de Taal, Land- en Volkenkunde v. Nederl. Ind." III (1855) S. 73 veröffentlichtes Manuskript aus der ersten holländischen Zeit (etwa 1633) enthält aufser dem angeführten noch andere wichtige Bemerkungen, die sich zwar auf das Ende des 16. Jahrhunderts beziehen, dennoch aber für die soziale Stufe der Bandanesen charakteristisch sind. Der oben erwähnte Rat der Alten (eigentlich der Vornehmen und Reichen, *orang-kajas*) hatte mit den mohammedanischen Priestern zusammen die höchste Macht in Händen, aber doch nur eine beschränkte; denn ihre Entscheidungen bedurften der Bestätigung der Versammlung freier Bürger, die sich zu diesem Zweck unter bestimmten ehrwürdigen Bäumen versammelten. Jedes Dorf stellte für sich eine kleine Republik dar. Bei dem Ort Lontor dagegen wurden die grofsen allgemeinen Angelegenheiten unter einem Baum verhandelt, wobei die Vornehmen auf einer Bank Platz nahmen. Auch wissen wir aus der Geschichte, dafs bei ernsteren äufseren Konflikten die fortwährenden inneren Streitigkeiten vergessen wurden, sodafs die Bandanesen nach aufsen hin einigermafsen zusammenhielten.

[3]) Nach de Barros wird in der Haupttreifezeit jeder Ortschaft und jedem Dorf ein gewisser Bezirk zum Einsammeln angewiesen; dort sammelt dann freilich ein jeder für sich, und wer am fleifsigsten ist, bekommt das meiste. Vielleicht gab es aber doch auch daneben noch Privateigentum; denn Faria y Sousa (Asia Portugueza I 203) bemerkt, dafs die Eingeborenen genau wissen, welche Bäume ihnen gehören, ob sie durch Kauf, Schuld, Pfand, Vererbung in ihren Besitz gekommen sind, und mit wem zugleich sie pflücken dürfen.

[4]) Noch zur Zeit der Reise Heemskerk's am Ende des 16. Jahrhunderts hatten die Bandanesen Mifstrauen gegen Silbergeld. Barbosa wähnter als Tauschwaren

hörden[1]). Hafenabgaben wurden erhoben, auch wurden die Nüsse
nicht nach Maſs, sondern nach Gewicht verkauft[2]). Es stimmt auch
der von Barthema angegebene Preis für die Muskatnüsse nicht zu
dem Barbosa's[3]), und die Angaben über den Hausbau sind sicher
verkehrt[4]).

Auch von den Einwohnern der eigentlichen Molukken-Insel

für den Handel in Banda (also zur Zeit Barthema's): Baumwollene und Seidenstoffe
aller Arten aus Cambay, Drogen aus Guzerat, Kupfer, Quecksilber, Blei und Zinn,
Kappen mit langem Haar aus der Levante, Glocken (wohl Gongs) aus Java, deren
jede 20 Behara Macis wert war. Hiermit stimmt auch die Angabe Barthema's
schlecht, daſs die Eingeborenen ohne Kopfbedeckung gehen, nur mit einem Hemd
bekleidet und barfuſs. Übrigens besitzen wir wenigstens von dem Ende des 16. Jahrhunderts in einer holländischen Reisebeschreibung Abbildungen, auf denen die
ärmeren Einwohner Bandas Kopf- und Hüftentücher, die Vornehmen Kopftücher,
ganze Kleider und Holzpantoffeln tragen.

[1]) Eine der wichtigsten Persönlichkeiten war der sog Sjabandar, der die
Handelssachen zu regeln hatte; namentlich war es seine Aufgabe, mit den fremden
Schiffen, die jährlich in Menge die Inseln besuchten, das nicht unbeträchtliche
Hafengeld festzusetzen, das für die Erlaubnis, auf der Rhede bei Neira zu liegen,
bezahlt werden muſste. So hatte z. B. Heemskerk 1599 vier Bahara (also etwa
1100 Kg) Macis zu zahlen, nachdem zuerst 20 verlangt worden waren. Nach de
Barros wurden der Bequemlichkeit wegen alle Nüsse der Inseln nach der Ortschaft
Lutatam gebracht; dies war also der Stapelplatz dafür. Auch Nelken wurden in
groſser Menge von den nördlichen Molukken nach Banda gebracht, so daſs die
malayischen und javanischen Schiffe nicht nötig hatten, sich die Nelken selbst von
jenen Inseln zu holen.

[2]) Die Gewichtseinheit Bahara war gleich 100 Katti Banda (à 5$\frac{1}{4}$ Pfd. holl.).
Wage und Gewichte muſsten von dem Sjabandar geholt werden, der sie in Ver-
wahrung hatte; auch wurden dieselben bei Uneinigkeiten wieder fortgenommen, um
erst gegen eine Abgabe (1599 z. B. 60 Pfd. Muskatblumen) wiedergebracht zu
werden. Auch wurden häufig Prüfungen durch besondere Beamte vorgenommen;
dennoch soll es zu Heemskerk's Zeiten (Ende des 16. Jahrhunderts) angeblich falsche
Gewichte gegeben haben. Andererseits meldet das Schiffsjournal eines Kapitäns aus
jener Zeit (V. d. Chijs, De Vestiging van het Nederlandsch Gezag over de Banda-
Eilanden S. 14), daſs die Bevölkerung Bandas redlich im Umgang und Benehmen
sei, besser als die Javanen.

[3]) Nach Barbosa berechnet kostete das Pfund Nüsse 0,5 bis (höchstens) 0,8 cts.,
nach Barthema dagegen 2 cts. holländisch.

[4]) Daſs die Bauten aus Holz seien, düster und niedrig, steht so im Widerspruch zu den seit altersher in jenen Gebieten herrschenden luftigen, auf Pfählen
stehenden, leichten, mit Gras oder Palmblättern gedeckten Bambuswohnungen, daſs
man sich nicht ohne weiteres dabei beruhigen kann. Ferner sind die Häuser
Bandas nach den Abbildungen aus dem Jahr 1601 (in Joh. Theodor und Joh.
Israel de By, Orient. Reisen. Frankfurt. 5. Teil. Reise von 1598—1600, Taf. VII
u. IX) mit deutlichen Pfählen versehen, luftig und offenbar leicht gebaut.

sagt Barthema, dafs sie in derselben Weise leben wie die Banda
nesen, aber noch bestialischer, schlechter und nichtswürdiger seien
als letztere. Er mufs also offenbar vergessen haben, dafs er kurz
vorher behauptet hat, die Bandanesen könnten überhaupt kein Unrecht
thun. Dafs die Molukken von mächtigen Königen regiert wurden und
schon damals vollständig mohammedanisiert waren[1]), mufs ihm gleichfalls völlig entgangen sein. Seltsam berührt auch die Angabe, dafs
ihre Hautfarbe noch weifser sei, als die (von ihm schon als weifs
bezeichnete) der Bandanesen[2]). Ganz verkehrt ist ferner auch die
Notiz, dafs die Nelken nach Mafs verkauft würden, weil dieses Volk
keine Gewichte kenne, und dafs sie zweimal so hoch im Preise[3])
stünden wie die Muskatnüsse.

Das wenige, was Barthema über Borneo sagt, welche Insel nach
ihm nur etwas gröfser ist als die Molukken-Insel, ist zwar auch ver-

---

[1]) Schon Mitte des 15. Jahrhunderts hatte sich der Mohammedismus auf diesen
Inseln verbreitet, schon 1322 hatten Javanen und Araber Ternate besucht und sich
dort angesiedelt (vgl. Crawfurd, History of the Malayan Archipelago II S. 484 ff.),
und der König von Ternate, Marhun, hatte (nach Valentyn) 1465 schon selbst nomi-
nell den Mohammedanismus angenommen, ja im Jahr 1495 besuchte sogar der König
von Ternate in eigener Person die Insel Java, um sich dort tiefer in die moham-
medanische Religion einführen zu lassen. Auch Pigafetta (deutsche Ausgabe, Gotha
1801, S. 209), der ja 1521 die Molukken besuchte, giebt an, dafs es etwa 50 Jahre
her seien, seitdem die Mohammedaner die Inseln Malucco erobert, besetzt und ihre
Religion dorthin gebracht hatten. Ebenso erwähnt Barbosa, dafs die Bewohner
Heiden und Mohammedaner, die Könige aber Mohammedaner seien. — Die einzelnen Inseln lagen fortwährend mit einander im Krieg und hatten, wie wir schon
oben nach Barbosa mitteilten, alle ihre eigenen Könige. Namentlich Pigafetta
spricht sehr ausführlich über die Molukken, und daraus geht hervor, dafs die Einwohner schon eine ziemlich hohe Kulturstufe erreicht hatten.

[2]) De Barros schildert die Bandanesen viel richtiger als von schwärzlicher
Hautfarbe, Maffei giebt ihnen bronzene (aeneo) Färbung. Da viele der jetzigen
Key-Insulaner von den alten Bandanesen abstammen, so kann Verfasser aus Autopsie
berichten, dafs sie keinesfalls zu den helleren Stämmen des Malayischen Archipels
gehören; es mag viel dunkles Alfurenblut in ihnen stecken. Die Einwohner der
Molukken gehören gleichfalls nicht zu den helleren malayischen Völkerschaften;
sie waren vermutlich damals, durch Vermischung mit den zu jener Zeit noch ver-
breiteteren kraushaarigen dunkleren Urrassen, Papuanen u. s. w. noch dunkler
braun, als sie es jetzt sind.

[3]) Barbosa (Hakluyt Soc. ed. S. 201) sagt ungefähr zu derselben Zeit, dafs die
Nelken sehr wenig auf diesen Inseln wert sind, so dafs man sie fast für nichts
haben kann; nach einer anderen Stelle desselben Werkes (S. 220) kosteten sie 1—2
Dukaten die Bahara (= 525 holl. Pfund), waren also offenbar weniger wert, als
die Muskatnüsse. Auch ist die Bahara kein Raummafs, sondern, wie wir eben
sahen, ein Gewicht.

kehrt[1]), doch läfst es sich, bei dem Mangel gleichzeitiger guter Berichte, nicht so klar und scharf darlegen[2]). Am verhängnisvollsten
sind aber für Barthema seine Darstellungen von Java. Auch Crawfurd, der die Reise Barthema's als solche übrigens nicht in Frage
stellt, hält doch das über Java Gesagte für durchaus falsch und wert-
los[3]). Barthema sagt: Auf Java giebt es viele Königreiche, deren
Könige Heiden sind; einige beten Götzenbilder an, wie in Calicut,
andere die Sonne oder den Mond, den Ochsen, den Teufel oder das
erste Ding, das sie am Tage sehen. Die Einwohner sind weifs,
ungefähr von unserer Statur, haben aber viel breitere Gesichter, ihre
Augen sind grofs und grün, die Nase sehr platt und das Haar lang.
Die Kleidung besteht in Stoffen aus Seide, Kamelot und Baumwolle.
Waffen brauchen sie nie, da nur die seefahrende Bevölkerung kämpft;
sie haben Bogen und Pfeile, sowie Blasrohre für vergiftete Pfeile,
kennen aber keine Schiefswaffen. Sie bauen viel Korn, wie das unsrige,
und essen aus Korn bereitetes Brot, einige auch Hammelfleisch, Hirsche,
Wildschweine, andere auch Früchte und Fische. Der Unterschied der
Kälte bei uns und hier ist ein geringer. Die besten Smaragde werden
hier gefunden und Gold und Kupfer in grofser Menge.

Man weifs hier wirklich nicht, wo man mit der Widerlegung be-
ginnen soll. Es ist zweifellos, dafs Barthema an einem gröfseren Ort

---

[1]) Am bemerkenswertesten ist vielleicht noch die Angabe, dafs der Kampher
das Gummi eines Baumes sei, wofür er freilich nicht einmal die Verantwortung
übernehmen will. Da sich der Borneo-Kampher in der That (im Gegensatz zu dem
chinesisch-japanischen) hauptsächlich in Höhlungen des Stammes absetzt, so ist seine
Bemerkung nicht so unrichtig.

[2]) Das Volk von Borneo besteht nach Barthema aus Heiden. Es sind gute
Leute, ihre Hautfarbe ist gleichfalls wieder weifs, ihre Kleidung besteht aus einem
baumwollenen Hemd, und einige gehen in Kamelot, manche tragen rote Kappen.
Auf der Insel wird die Rechtsprechung gut gehandhabt. — Es ist in der That
merkwürdig, dafs er nun gerade hier sagt, es seien gute Leute; denn gerade bei
den nicht mohammedanisierten Stämmen der Insel herrscht noch heute die Sitte des
Köpfeerbeutens in der aller ausgeprägtesten Weise; auch ist es nicht wahrscheinlich, dafs diese heidnischen Stämme rote Kappen trugen. Die Rechtsprechung der
Dajaker ist auch nicht gerade eine besonders gute, und die Hautfarbe auch wieder
bräunlich-gelb.

[3]) *Obviously false or worthless.* Crawfurd, Descript. Dictionary of the Mal.
Archip. S. 165. Selbst dem für alle Lügen Barthema's eine Erklärung bzw. Recht-
fertigung findenden Herausgeber der englischen Hakluyt Society edition Barthema's,
dem Kaplan G. P. Badger, wird es überaus schwer, hier die grofse Kluft, die
Barthema's Schilderung von der Wahrheit trennt, notdürftig zu überbrücken; selbst
er sieht sich zu dem Zugeständnis gezwungen (S. 256), dafs Barthema's Bericht über
Java sicher weniger genau (*less accurate*) sei, als seine Beschreibung im allgemeinen.

gelandet sein muſs; denn in irgend einem Fischerdörfchen können nicht teure Smaragde für 14000 Mark und Eunuchen verkauft werden, auch gab es nach der Reisebeschreibung dort ja auch javanische Kaufleute. Zu jener Zeit aber herrschte in den Küstenstädten schon allgemein der Islam, und wenn es dort auch vielleicht daneben noch Hindus oder Buddhisten gegeben haben mag, so war es doch aus- geschlossen, daſs ein Mann, der selbst in der Verkleidung eines Moham- medaners ging und jahrelang nur mit Mohammedanern verkehrte, nicht die Anwesenheit von angeblichen Glaubensgenossen bemerkt haben sollte, die doch sicher nirgends ihre Religionsübungen verheimlicheten und sich auch schon durch die Kleidung auszeichneten. Am allerwenigsten hatten sie aber in Java Grund sich zu verbergen, da die ganze Insel damals eigentlich schon unter mohammedanischer Herrschaft war; denn wie Crawfurd sagt, stimmen alle Autoritäten darin überein, daſs im Jahr 1478 die Hauptstadt Majapait des hauptsächlichen Hindu-Staates überwältigt worden war[1]). Daſs es freilich damals Hindus und Budd- histen noch genügend gab, beweist Barbosa, der sagt, Java sei be- wohnt von vielen Heiden und Mohammedanern; aber er fügt hinzu: In den Seehäfen sind viele Städte und Dörfer und groſse Nieder- lassungen von Mohammedanern mit mohammedanischen Königen. Auch 1522 existierten noch heidnische (d. h. indische) Tempel, Klöster und die Sitte der Leichenverbrennung, ebenso gab es nach Hamilton noch Heiden im Beginn des 18. Jahrhunderts, ja selbst heutzutage haben sich in einigen Berggegenden noch kleine Reste einer Bevölkerung mit Hindu-Religion erhalten; daſs es aber daneben noch malayische Ur- religionen gab, Natur und Dämonenverehrungen, darüber fehlt in der reichen Literatur jede Andeutung. Die Sitte, das erste Ding, das sie am Tage sehen, anzubeten, ist aber nur in den heidnischen Religionen des Malayischen Archipels verbreitet, jedoch weder indisch noch buddhistisch, und war gewiſs wohl schon damals nicht mehr auf Java herrschend. Offenbar giebt Barthema hier nur eine Reminiscenz aus Marco Polo wieder, der über die Felech auf Java Minor sagt: Ihre Verehrung ist auf verschiedene Dinge gerichtet; denn jeder verehrt den ganzen Tag, was sich zuerst seinem Gesicht darbietet, wenn er sich am Morgen erhebt. Unter Java Minor versteht aber Marco Polo das jetzige Sumatra, und Felech ist nach Marsden das jetzige Perlak am äuſsersten Ostende der nördlichen Küste der Insel.

Daſs die Einwohner Javas weiſs und von unserer Statur sind, wie

---

[1]) Hiermit stimmt freilich nicht die Notiz von Barbosa, daſs alle Könige einem groſsen heidnischen König gehorchen, der Patevdara (Paleudora) genannt wird und im Innern residiert.

Barthema angiebt, ist nicht richtig; sie sind bräunlich-gelb und noch ein gut Teil kleiner als die Italiener. Barbosa bezeichnet sie demnach auch als klein und dick. Ferner haben sie keine grünen, sondern dunkelbraune Augen; dagegen sind die Gesichter in der That breit, und die Nase ist platt. Das Haar wurde aber damals nach Barbosa oben geschoren und das untere dann zusammengedreht; sie trugen es also demnach nicht lang herunter hängend, wie Barthema angiebt. Über die Kleidung ist wenig zu bemerken. Es ist wohl denkbar, dafs neben Baumwolle auch Seide und Kamelotstoffe nach Java kamen, da der Handel von Indien und China aus dorthin ein beträchtlicher war. Auch Barbosa erwähnt, dafs manche in Seidenstoffen gingen; dafs sie aber à la apostolica mit langen Gewändern gingen, ist sicher unrichtig. — Blasrohre haben sich auf Java noch bis heute erhalten, freilich mehr als Spielzeug; aber es ist, obgleich sonst nirgends erwähnt, doch nicht ausgeschlossen, dafs die Javanen früher auch vergiftete Pfeile damit schossen, eine Sitte, die sich auf anderen Inseln des Archipels noch erhalten hat. Ebenso sind Bogen und Pfeile wohl sicher damals schon Waffen der Eingeborenen gewesen. Dafs sie aber keine Schiefswaffen gekannt haben sollen, widerspricht völlig den Thatsachen; Barbosa[1] sagt nur wenig Jahre später, dafs sie Geschütze und lange Musketen und vierlerlei sonstiges Feuerwerk machen und in anderen Gegenden dadurch sowie als Artilleristen in Ansehen stehen. Dafs die meisten keine Waffen brauchen, ist gleichfalls nicht wahr. Nicht nur gab es fortwährend *Kriege* zwischen den verschiedenen Fürstentümern auf Java, sondern auch die allgemeine Sitte erforderte, dafs die Freien einen Kris trugen; selbst die Unsitte des Amoklaufens war damals schon bekannt, wie die Schilderung Niccolo Conti's aus dem 15. Jahrhundert beweist[2]), sowie auch Barbosa's Bemerkungen[3]) darüber. Dafs Smaragde, Gold und Kupfer keine Landesprodukte von Java sind, hätte wohl jeder javanische Kaufmann Barthema sagen können.

Sehr unwahrscheinlich ist auch die Angabe, dafs Java eine enorme Quantität Seide produziert, teils nach unserer Weise, teils wild; denn wenn auch einige der grofsen Seidenspinner in Java wild vorkommen, so liegen doch nirgends Notizen vor, dafs damals diese wilde Seide verarbeitet worden ist, und von wirklicher Seidenkultur ist überhaupt nicht die Rede, wie auch Crawfurd sagt (Descriptive Dictionary of the

---

[1]) India in the 15. Century in Hakluyt Soc. ed., The travels of Nicolo Conti S. 16.

[2]) Hakluyt Soc. ed., S. 198.

[3]) a. a. O. S. 194.

Malayan Archipelago S. 178): *The art of rearing the silkworm has never been introduced into Java with any effectual result.* Dagegen verstanden wenigstens in späteren Zeiten die Javanen Stoffe aus importierter Rohseide herzustellen.

Ganz unhaltbar aber ist Barthema's Annahme, daſs der Unterschied der Kälte bei uns und hier (in Java) gering sei; selbst wenn er, wie er angiebt, im Juni da war, so ist der Temperaturunterschied zwischen Bologna und der javanischen Küste nicht unbeträchtlich.

Daſs die Javanen aus Korn bereitetes Brot äſsen und unser Korn bauten, ist durchaus unrichtig. Mais war ja dort noch nicht eingeführt und wird auch heutzutage dort nicht zu Brot verbacken, Reis und Hirse eignet sich gar nicht dazu, und unsere Getreidearten werden daselbst nicht kultiviert; sie leben fast ausschlieſslich von Reis, und zwar dämpfen sie ihn. Ebenso sind Hämmel auf Java sehr wenig vorhanden und wohl erst durch die Europäer hingebracht und geschätzt. Hirsche und Wildschweine wurden wohl eher gegessen, aber die einzige wichtige Fleischsorte Javas, das Huhn, wird von Barthema gar nicht erwähnt.

Nennt Barthema die Javanen die treuesten (am meisten vertrauenswürdigen) Menschen, so bezeichnet Barbosa sie um dieselbe Zeit als hochfahrend, lügnerisch und verräterisch (S. 194 u. 198). Ebenso bezeichnet de Barros sie als zwar sehr gelehrig, aber tückisch, lügenhaft und undankbar. Die jetzigen Javanen sind freilich im ganzen zuverlässig, aber wie alle dort lebenden Europäer sagen, doch nur bis zu einer gewissen Grenze[1]). Über die Sitte, Kinder zu Eunuchen zu machen, ist aus jener Zeit von Java nichts bekannt; es ist zwar nicht undenkbar, aber jedenfalls eine Folge des eindringenden Mohammedanismus, und es ist auffällig, daſs Barthema's Gefährte zwei Eunuchen gekauft haben soll an einem Ort, wo keine Mohammedaner existierten.

Wenn auf dieser Insel bei denjenigen Leuten, sagt Barthema weiter, die Fleisch essen, die Väter so alt werden, daſs sie nicht länger arbeiten können, so stellen ihre Kinder oder Verwandte sie auf dem Markt zum Verkauf aus, und diejenigen, welche sie kaufen, töten sie und essen sie gekocht. Und wenn ein junger Mensch von einer ernsten Krankheit ergriffen wird, so daſs es dem Kundigen scheint, daſs er draufgehen werde, so tötet der Vater oder Bruder des Kranken denselben, und sie warten nicht ab, bis er stirbt. Und

---

[1]) C r a w f u r d sagt freilich (Descr. Dict. S. 173—174): *From my own experience of them, I have no difficulty in pronouncing them the most straightforward and thruthful people that I have met with.* Es bezieht sich aber das letztere doch wohl nur auf die Völkerschaften, die er in Süd-Asien kennen lernte.

nachdem sie ihn getötet haben, verkaufen sie ihn zum Verspeisen an andere. Als wir über diese Sache erstaunt waren, sagten einige Kaufleute des Landes zu uns: „O, ihr armen Perser, warum überlafst ihr denn so köstliches Fleisch den Würmern zur Nahrung?" Mein Gefährte aber rief, als er dies hörte, sofort aus: „Komm schnell, lafs uns auf unser Schiff gehen, denn diese Leute sollen mir am Lande nicht mehr nahe kommen".

Obgleich also Barthema, wie wir sahen, die Javanen als die am meisten vertrauenswürdigen Menschen in der Welt bezeichnet, schien ihm, wie er sagte, kein Grund mehr vorzuliegen, auf der Insel zu bleiben, weil es nötig war, alle Nacht auf der Hut zu sein, aus Furcht, dafs irgend ein Missethäter kommen könnte und sie fortschleppen möchte, um sie zu essen.

Dafs die angebliche Anthropophagie, noch dazu in dieser scheufslichsten aller Formen, auf Java in den Bereich der Fabel gehört, bedarf für diese seit vielen Jahrhunderten unter dem Einflufs des Buddhismus, Hindutums und Mohammedanismus stehende Insel keines Beweises[1]. Diese Erzählung, deren wahrer Kern auf dem Kannibalismus der Battaker und vielleicht anderer sumatranischer Völker beruht, scheint in jenen Meeresteilen ein weit verbreitetes Schiffermärchen gewesen zu sein. Auch Marco Polo berichtet ganz ähnliches von den Einwohnern des Königreichs Felech (Perlak?) auf Sumatra (Java Minor)[2], sowie namentlich von den Einwohnern von Dragojan (vermutlich Indragiri auf der Ostseite von Sumatra)[3]. Ja selbst schon das Altertum

---

[1] Da die Insel in Kürze so bekannt und viel besucht wurde, da sich ferner Niccolo Conti fast ein Jahrhundert früher neun Monate mit Frau und Kindern dort aufgehalten hatte, so würden wir wenigstens eine Notiz darüber gehört haben, wenn nur ein Körnchen Wahrheit daran wäre; in Bezug auf die Battaker auf Sumatra berichtet ja beinahe jeder Reisende über den dort herrschenden Kannibalismus. Es wäre natürlich nur dann die Möglichkeit gegeben, wenn sich wirklich noch heidnische Urstämme bis zu jener Zeit in Java erhalten hätten, da Menschenfresserei den Hindus, Buddhisten und Mohammedanern an und für sich schon ein Greuel ist. Nun drang aber das Hindutum schon im Beginn unserer Zeitrechnung in Java ein und beherrschte später, wie wir aus den überall erhaltenen Bildwerken und Tempeln ersehen, mit dem Buddhismus zusammen die ganze Insel; 1500 Jahre sollten nun doch genügt haben, um, wenn nicht das ursprüngliche Heidentum, so doch derartige, die Anhänger der herrschenden Religion aufs innerste erbitternde Unnatürlichkeiten auszurotten. Selbst Badger's Interpretierkunst erlahmt hier, und er sieht sich zu dem Geständnis gezwungen: *non nobis tantas componere lites.*

[2] Diejenigen, welche die Berge bewohnen, leben in viehischer Art; sie essen Menschenfleisch und ohne Unterschied alles andere Fleisch, reines und unreines.

[3] Marco Polo berichtet über sie: Sie haben folgenden schauderhaften Gebrauch, wenn eines der Glieder der Familie von einer Krankheit befallen ist.

kannte diese Fabel; denn Herodot sagt von den Padaern (sind vielleicht die Battaker gemeint?), einem indischen Nomadenvolk, welches
rohes Fleisch ifst: Wird einer unter ihnen krank, Mann oder Weib,
so versammeln sich die nächsten Freunde, schlachten ihn, wie sehr er
sich auch sträuben und seine Krankheit verleugnen mag, und verzehren
ihn; auch sogar die Alten töten und essen sie[1].

Barthema kehrte von Java zurück, einerseits, wie erwähnt, aus Furcht
vor dem Kannibalismus, andererseits, weil er wegen der extremen Kälte
nicht wagte, weiter zu reisen; denn schon jenseits Java daure der Tag
nicht mehr als vier Stunden, und es sei dort kälter als in irgend einem
anderen Teil der Welt. Diese wirklich staunenerregende Notiz läfst

---

Die Verwandten des Kranken schicken zu den Zauberern, von denen sie ver-
langen, wenn er die Zufälle untersucht hat, dafs er die Erklärung gebe, ob der
Kranke wieder gesunden werde oder nicht. Diese antworten nach der Meinung,
die ihnen der böse Geist eingiebt entweder, dafs er gesunden werde oder nicht.
Wenn die Entscheidung dahin lautet, dafs er nicht wieder gesund wird, so rufen
die Verwandten gewisse Leute, deren Amt es ist und die das Geschäft mit Sicherheit vollführen, dem Leidenden den Mund zu verschliefsen, bis er erstickt ist. Ist
dieses geschehen, so schneiden sie den Leichnam in Stücke, richten ihn zum
Mahl her, und wenn er so zubereitet ist, versammeln sich die Verwandten und essen
ihn in festlichem Beisammensein ganz auf und lassen nicht einmal das Mark in
den Knochen übrig. Würde ein Stückchen von dem Leibe übrig bleiben, so
würden Würmer daraus, diese Würmer würden aus Mangel an weiterer Nahrung
sterben, und ihr Tod würde der Seele des Verstorbenen entsetzliche Strafe zuziehen.
Dann sammeln sie die Knochen, legen sie in kleine zierliche Kästen und tragen
sie in gewisse Höhlen in den Bergen, wo sie sicher gegen die Angriffe wilder
Tiere sind. Wenn sie irgend eine Person ergreifen können, die nicht in ihren
Distrikt gehört und kein Lösegeld zahlen kann, so töten und fressen sie dieselbe.

Hätte Barthema Marco Polo wirklich kopiert, so würde er wohl ausführlicher
über die Sitte gesprochen haben. Vermutlich war es eben eine der in jenen
Gegenden weit verbreiteten Fabeln, die sich in gleicher Weise seit dem Altertum
bei der seefahrenden Bevölkerung und den Kaufleuten erhalten haben, und deren
reelle Basis der in der That in gewissen Teilen Sumatras herrschende Kannibalismus
war. Dafs Barthema gerade Java als Schauplatz dieser Insel bezeichnet, ist entweder eine Reminiscenz an Marco Polo's Java Minor oder Folge eines geographischen
Irrtums seinerseits, da er sich in Pedir auf Sumatra befindend, von einer südlichen Gegend hörte, die nach seinen Karten nur Java sein konnte. Vielleicht aber
wurden, wie zu Marco Polo's Zeiten, auch damals noch Teile von Sumatra von den
Eingeborenen als Java bezeichnet, wie nach Raffles (Hist. of Java 1817. I. S. 1)
noch viel später Borneo in jenen Gegenden *tana* (= Land) *Java* genannt wurde.

[1] Auch von den Massageten am Kaspischen Meer erzählt Herodot: Wenn
einer sehr alt wird, so kommen die Verwandten zusammen und schlachten ihn
nebst anderem Vieh, kochen ihn und essen sein Fleisch; und das gilt bei ihnen
für eine grofse Glückseligkeit.

sich nur aus der Gesamttendenz der Molukken-Reise verstehen. Es lag
offenbar Barthema daran, nicht nur die Gewürz-Inseln zuerst besucht
zu haben, sondern auch soweit wie denkbar nach Süden vorgedrungen
zu sein. Wir sahen, dafs nach seiner Ansicht noch in Banda die Jahreszeiten sind wie bei uns, dafs die Molukken-Insel kälter ist als Banda.
Von dort geht der Weg nach seiner Angabe immer südlich nach Borneo
und Java, wo der Unterschied von unserem Klima nach ihm gering ist;
dahinter aber sei es kälter als in irgend einem Teil der Welt. Nur
so ist es zu verstehen, dafs er erst nach der Abreise von Borneo erzählt, dafs sie den Nordstern verloren hätten und nach dem Magnet
steuerten, worüber er sich wundert, während das gleiche doch schon
auf dem Wege von Sumatra nach Banda der Fall gewesen sein mufs.
Um die Fährlichkeiten dieser Reise gen Süden in den Augen der Leser
noch zu erhöhen, mietet er in Borneo ein anderes gröfseres Schiff, da
das Meer zwischen Borneo und Java zu gefährlich sei für die kleineren;
und doch hat er ja dasselbe schon kurz vorher, ohne dafs er es ahnt,
in den kleinen Schiffen von West nach Ost, also auf einer viel gröfseren
Strecke durchmessen.

Auch die Kosten dieser angeblich lediglich der Befriedigung des
Wissensdurstes dienenden Reise werden in lächerlicher Weise übertrieben. Schon von vornherein ist es auffallend, dafs sich Barthema
nicht einfach einem der vielen javanischen und malayischen Händler,
die den Gewürzhandel zwischen Malakka oder Pedir und den Gewürz-
Inseln vermittelten, anschlofs. Allein der Preis der beiden kleinen Sampans
für die Reise bis Borneo betrug einschl. Bemannung und Ausrüstung
5600 M.[1]), das gröfsere Schiff von Borneo kostete 975 M.[2]) nur bis
zu dem fünf Tage entfernten Java; denn dort wurde abermals eine gröfsere
Dschunke gemietet. Der Perser schenkte den Christen aus Freude,
dafs sie mitgingen, Rubinen im Wert von 7000 M. (500 Pardai); da
das Gold aber damals zehnmal so viel Wert hatte wie jetzt, so gehen
schon diese Summen in die Hunderttausende, und alles für eine dreimonatliche Vergnügungsreise. In Java kaufte der Perser zwei Smaragden für

---

[1]) D. h. 400 Pardai, nach Badger (S. XCI) = 280 £; der Pardao war nach
Barthema (Hakl. Soc. ed. S. 115) eine vorderindische Goldmünze, später dagegen eine
in Indien geprägte portugiesische Münze im Wert von nur 300 Reis (Dict. v. Japh.
Bluteau, Lissabon 1720; Barbosa Hakl. Soc. ed. S. 81 nota). Nach Joh. Theodor
und Joh. Israel de By, Orientalische Reisen, S. V, war ein Pardao 430 Reis, ein
Pardao di Reale 400 Reis wert.

[2]) D. h. 100 Dukaten. Die spanische Dukate hatte im Anfang des 16. Jahrhunderts (nach freundlicher Mitteilung Dr. Ehrenberg's) einen Feingehalt von 3,50 gr
Feingold; das entspräche, auf unser Reichsgold reduziert, einem Goldwert von rund
9,75 M. (20 M. = 7,17 gr. Feingold).

14 000 M. (= 1000 Pardai) und zwei Eunuchenkinder für 2800 M.
(= 200 Pardai), und in Malakka nachher Gewürze gar für 70 000 M.
(= 5000 Pardai), also der Kaufkraft nach für ¼ Millionen, obgleich
er sie doch auf den Molukken viel billiger hätte haben können. Und
das alles konnte auf einem kleinen Schiff (Dschunke) verfrachtet werden?
— Auch dies kindliche Prahlen mit solchen Riesensummen soll offenbar die Bedeutung der Reise in den Augen der Leser erhöhen.

Andere Widersprüche und Schwierigkeiten ergeben sich aus den
nautischen Verhältnissen. Nach seinen Angaben machte Barthema die
Reise von Pedir nach Banda in 15 Tagen, was an sich vielleicht nicht
undenkbar ist, da Pigafetta nach seinen Erkundungen (1521) angiebt,
dafs die Fahrt von Banda nach Malakka 15 Tage daure, und danach
bemessen ist Pedir etwa 1½ Tagereise weiter. Jedenfalls sind aber
grofse inländische Fahrzeuge gemeint und die allergünstigste Jahreszeit;
denn Pedir ist, in direktem Abstand gemessen, 35 Äquator-Breitengrade
von den Banda-Inseln entfernt und unter Hinzurechnung der Umwege um
Borneo-Celebes im günstigsten Fall 38 Grade, das sind 2280 Seemeilen.
Es kämen demnach auf den Tag 150 Seemeilen oder eine Geschwindigkeit von vollen 6 Knoten[1]), bei ganz direkter ununterbrochener
Fahrt. Dabei will Barthema die Fahrt in zwei kleinen Sampans (Chiampana) gemacht haben; das ist jetzt der Name für ganz kleine Boote
oder Kanus. Barthema schildert sie aber gelegentlich seines Aufenthaltes in Coromandel als Schiffe mit flachem Boden, die wenig tiefes
Wasser erfordern und viel Güter laden können; es waren also sicher
keine besonders schnell gehenden Fahrzeuge wie die malayischen Praus.

Ungemein seltsam mufs es uns aber erscheinen, wenn in Pedir
Barthema gerathen wird, kleine Sampans zu nehmen, weil ein grofses
Schiff (demnach also eine Dschunke oder eine Prau) für die Reise untauglich sei, da wir ja wissen, wie vorzügliche Häfen sich auf den
Molukken befinden, namentlich auf den ursprünglich allen als Ziel ge-
setzten Banda-Inseln, und wie jährlich grofse malayische und javanische
Schiffe dorthin fahren. Noch wunderbarer ist es aber, wie wir schon
sahen, wenn bei demselben Meer zwischen Java und Borneo, das
sie mit den erwähnten beiden kleinen Schiffen der ganzen Länge nach
befahren haben, später, wo sie dasselbe Meer nur der Breite nach
kreuzen sollen, angegeben wird, dafs sie in Borneo ein gröfseres Schiff
nehmen müfsten, denn die See sei sehr wild[2]).

---

[1]) Seine übrigen Seereisen ergeben nur 2½ bis höchstens 4 Knoten Geschwindigkeit, 2½ die Strecke Java-Malakka, 3 die Strecke Tenasserim-Bengalen, 3½ Madras-
Tenasserim, 4 Malakka-Coromandel; ja der Weg Banda-Molukken wurde trotz gün-
stiger Jahreszeit mit nur 1½ Knoten im Durchschnitt zurückgelegt.

[2]) Auf den verschiedenen Jahreszeiten kann dies nicht beruhen, denn die See
dort ist in den Sommermonaten gerade recht ruhig.

Fernere Ungereimtheiten ergeben sich aus den Entfernungen

Pedir—Banda 2280 Seemeilen, nach Barthema 15 Tage (nach
    Pigafetta 16—17 Tage), also auf den Tag 152 Seemeilen.

Banda—Molukken 420 Seemeilen, nach Barthema 12 Tage (nach
    Pigafetta 3 Tage), also auf den Tag 35 Seemeilen.

Molukken—Borneo mindestens 1020 Seemeilen, nach Barthema
    nur 200 Seemeilen[1]).

Borneo—Java[2]) mindestens 240 Seemeilen, nach Barthema 5 Tage,
    also auf den Tag 48 Seemeilen.

Java—Malakka 840 Seemeilen, nach Barthema 15 Tage (nach
    Barbosa 120 leguas), also auf den Tag 56 Seemeilen.

Während also Barthema sonst nur 35—56 Seemeilen auf den Tag
durchläuft, legt er die erste Strecke gegen den Wind, wie wir gleich
sehen werden, in dreifacher Geschwindigkeit zurück.

Was die Richtungen betrifft, so erwähnt Barthema nur, dafs sie
von den Molukken nach Borneo, sowie von Borneo nach Java beständig südlichen Kurs hatten; von Java nach Malakka dagegen nahmen
sie ihren Kurs aufserhalb der Inseln nach Osten zu. Von den Molukken
nach Borneo geht aber der Kurs nur den ersten kleineren Teil südlich, nicht beständig, wie Barthema sagt, und ein östlicher Kurs von
Java nach Malakka aufserhalb der Inseln ist überhaupt ausgeschlossen.
Aufserhalb welcher Insel soll er denn gehen? Wenn wirklich Banka
gemeint ist, so würde der Kurs doch noch immer ein nordwestlicher
sein. — Was die Entfernung der Molukken von Borneo betrifft, so unter-
schätzt Barthema die Strecke um das fünffache. Badger hält es deshalb
für einen Schreibfehler; es soll nicht 200 Meilen, sondern 200 leguas
heifsen, was übrigens auch noch zu wenig wäre. Läfst man sich aber
auf das Korrigieren ein, so hätte man gar viele Schreibfehler in Barthema's Bericht zu verbessern.

Was Barthema über das südliche Kreuz und das Steuern danach
sagt, trägt gleichfalls den deutlichen Stempel der Lüge. Fast die ge-
samte Reise von Pedir aus nach Banda, den Molukken und Borneo,
mindestens 37 von den etwaigen 40 Tagen waren sie ohne Nordstern
gefahren, nämlich südlich der Linie; aber erst bei der Abfahrt von
Borneo wundern sie sich darüber und fragen, wonach die Schiffer
denn steuern? Und nicht nur hatte der Kapitän aus Borneo, offenbar

---

[1]) Die *milla* jener Zeit entspricht ziemlich der Seemeile, während sich die *legua*
mit der geographischen Meile vergleichen läfst, so dafs letztere etwa viermal so grofs
ist als erstere.

[2]) Es wurde der östliche Teil der Insel in Rechnung gesetzt, da der westliche
damals Sunda hiefs.

im Gegensatz[1]) zu dem Kapitän von Pedir, Karten wie die unsrigen
mit Breiten und Längengraden, sondern auch einen Kompafs, der wie
die europäischen montiert war, d. h. mit der Spitze nach Norden zeigte
anstatt nach Süden, wie die chinesischen Kompasse: gleichfalls eine
Unwahrscheinlichkeit. — Ebenso unwahrscheinlich ist die andere Neuig-
keit, die Barthema in Java erfahren haben will, dafs, wenn er sich
um die Mittagszeit nach Westen wendete, sein Schatten nach der linken
Seite, d. h. nach Süden zu fiel. Auch das mufste er schon in Banda
und Borneo erlebt haben, ja selbst auf den eigentlichen Molukken;
denn wie wir sehen werden, konnte nach Barthema's eigenen Angaben
die ganze Reise nur in die Sommermonate fallen, wo die Sonne nördlich vom Äquator steht.

Mag das bisher Mitgeteilte nun auch genügen, um jedem, der die
Verhältnisse nur einigermafsen kennt, Barthema's Wahrheitsliebe ge-
bührend zu kennzeichnen, so ist es ja doch immerhin möglich, dafs
er, obgleich er auf jenen Inseln war, dennoch aus Ruhmsucht und
Leichtfertigkeit diese lügenhaften Berichte gegeben hat. Es lag mir
deshalb daran, auf möglichst strenge Weise den Beweis der Fälschung
zu führen, und so habe ich es versucht, von den ganz sicher gestellten
Daten aus die einzelnen Reiseabschnitte und Aufenthalte zu addieren,
indem ich mich meist auf Barthema's eigene Angaben stützte, und wo
solche nicht vorlagen, Minimalzahlen annahm. Der Schlufs war, dafs
die Barthema zur Verfügung stehende Zeit nicht genügen konnte, um
alles das auszuführen, was er angiebt. Gilt das schon für Minimalzahlen,
so kommt man bei etwas weniger knapper Bemessung der Zeit, wie es
solche Schiffsreisen in Segelschiffen unbedingt erfordern, noch mehr in
die Brüche; berücksichtigt man dagegen einigermafsen die Wind- und
Monsunverhältnisse jenes Gebietes, die in völliger Regelmäfsigkeit ein-
treten und dadurch die ganze Schiffahrt der Malayen von den Jahreszeiten abhängig machen, so scheitert man durchaus. Wie man die
Sache auch dreht und wendet, Barthema kommt immer in den ungünstigen Monsun, mufs also gegen Strom und Wind schwimmen, und
das in einer Geschwindigkeit, die nur bei günstigstem Wind und
Wetter und im richtigen Monsun möglich ist. Wenn man sieht, wie
noch heutigen Tages die inländischen Schiffe gezwungen sind, oft
mehrere Monate bei zu früh einsetzendem ungünstigen Monsun unthätig
liegen zu bleiben, wie z. B. auch Marco Polo auf diese Weise sechs
Monate in Sumatra festgehalten wurde, wenn man das Elend sieht,
das neuerdings Kapitän Jacobsen mit seinem inländischen Fahrzeug

---

[1]) Vasco de Gama berichtet dagegen, dafs er in Melinde an der afrikanischen
Küste indische Christen traf, die Kompafs, Instrumente und Karten kannten.

auf nur ganz kleinen Strecken erlebte, wenn, wie mir kürzlich ein Kapitän eines europäischen Segelschiffes mitteilte, er acht volle Tage dazu
brauchte, um im Aufkreuzen das zurückzugewinnen, was er infolge eines
Rausches des Steuermanns in vier Stunden durch falsches Steuern verloren hatte, so macht man sich ungefähr einen Begriff von den Schwierigkeiten einer solchen Seefahrt, die aber Barthema alle mit seinen elenden
Sampans spielend überwand; und dennoch kam er, wie wir gleich
sehen werden, nicht mit der ihm zu Gebote stehenden Zeit aus.

Wir haben oben als Grenzen kennen gelernt das indische Fest
in Calicut am 25. December 1504 und die Flucht von Calicut am
3. December 1505. In der Zwischenzeit will er nun die ganze Reise
um Süd-Indien gemacht haben, ferner hat er Ceylon einen Besuch ab-
gestattet, ist bis Madras heraufgefahren, fuhr von dort nach Tenasserim
auf der Malayischen Halbinsel, wo er über 20 Tage blieb, weiter nach
Bengalen, dann hat er sich in Pegu längere Zeit (20 Tage) aufgehalten,
ist hierauf nach Malakka hinunter und wieder nach Pedir hinaufge-
fahren, um von dort die erwähnte Reise anzutreten. Leider hat er nur
selten die Tageszahl der einzelnen Strecken, sehr selten die seiner
Aufenthalte angegeben. Eine ungefähre Schätzung nach den von ihm angegebenen Einzelheiten, bei ziemlich knapper Berechnung der Aufenthalts-
zeiten, ergiebt aber etwa 42 Tage von Calicut um die Südspitze Indiens
herum bis nach Palicat (Paleachet) bei Madras einschl. der Ceylon-Reise;
die Überfahrt über das Bengalische Meer bis nach Tenasserim nahm
nach ihm 14 Tage in Anspruch, die Fahrt von Tenasserim nach
Bengala 11, von Pegu nach Malakka 8 Tage. Rechnen wir von Bengalen nach Pegu 10 Tage — nach seiner Schätzung der Entfernung auf
1000 Meilen wohl viel zu wenig — und von Malakka nach Pedir drei
Tage, so hätten wir wieder 46 Reisetage. Aus seinen Angaben berechnet, ergeben sich aber sicher mindestens 20 Tage Aufenthalt für
Tenasserim und Pegu, wahrscheinlich viel mehr. Bei nur achttägigem
Aufenthalt in jedem der drei anderen Plätze sowie in Calicut hätten
wir 77 Aufenthaltstage, also zusammen 160 Tage von der Abfahrt von
Calicut bis zur Abfahrt von Pedir.

Da das Fest in Calicut am 25. December gefeiert wurde, kann
man die Abreise Barthema's von dort etwa auf Beginn des neuen Jahres
1506 setzen. Wir wären demnach beim Antritt der Molukken-Reise von
Sumatra aus schon im Juni, also im vollen Ostmonsun[1]), wo es über-

---

[1]) Auch die viel zweckentsprechender gebauten grofsen europäischen Schiffe
kamen in jenen Jahrhunderten stets im Westmonsun (meist im Februar oder Anfang März) nach Banda, und noch heute haben die, im Vergleich zu den Sampans,
gröfseren Handelsfahrzeuge der Malayen und Chinesen, die Praus, Padawakans und

haupt nicht mehr möglich ist, in einem so kleinen und unbeholfenen Segelschiff, wie es die Sampans sind, gegen den Wind und Strom anzukreuzen, geschweige denn grofse Strecken auf diese Weise zurückzulegen, und nun gar in 15 Tagen[1]), wie Barthema angiebt, also mit sechs Knoten Geschwindigkeit nach Banda zu gelangen.

Diese ganze Rechnung beruht, soweit keine genauen Angaben von Seiten Barthema's vorliegen, auf Minimalzahlen. Aber selbst wenn wir alle Aufenthalte noch mehr verkürzen würden, was für Bengalen, wo sie fast alle ihre Waren verkauften und noch zwei Tage auf ein Schiff warteten, und für Pedir, wo sie ja die Sampans kaufen und ausrüsten mufsten, schon kaum denkbar erscheint, und wenn wir die Dauer der ganzen Reise von Calicut bis Palicat auf einen Monat zurück-

---

Dschunken ihre ganz bestimmten Jahreskurse in jenen Gewässern. In dem Meer zwischen Java und Borneo zieht der Ostmonsun schon im April ein, und vom Mai an folgt die Strömung dem Wind.

[1]) Wie viel langsamer selbst die holländischen, viel besser gebauten und seetüchtigeren Schiffe ein Jahrhundert später fuhren, mögen folgende Beispiele beweisen. Nach den von Theodor und Israel de By herausgegebenen „Orientalischen Reisen" machten die Schiffe Gelderlandt und Seelandt 1599 folgende Reisen im günstigsten Westmonsun. Von Bantam auf Java fuhren sie ab am 8. Januar und kamen am 14. März auf Banda an; sie hatten von diesen 65 Tagen Aufenthalt in Tuban 2 Tage, auf Madura 17 und auf Ambon 8 Tage. Es bleiben also 38 wirkliche Reisetage, und die Entfernung ist mindestens ein Drittel kleiner als die von Pedir bis Banda. Die abermals im günstigen Ostmonsun angetretene Rückfahrt nahm bis Jacatra auf Java (halber Weg von Pedir) die Zeit vom 3. bis 26. Juli in Anspruch, mit einem Ruhetag, also 22 Tage Fahrt. — Verhoefen fuhr 1607 am 25. März von Bali ab und kam erst am 8. April in Banda an, brauchte also 14 Tage für noch lange nicht die Hälfte der Reise. — Wurffbain fuhr 1632 am 13. Nov. von Batavia ab, war am 27. Nov. bei Madura, am 2. Dec. bei Macassar, am 5. Dec. vor Buton, wo er am 8. Dec. abfuhr; am 13. Dec. sah man Ambon, um erst am 15. Dec. dort anzukommen. Abzüglich der Ruhetage brauchte er doch 29 Tage im günstigsten Monsun, um nur von Batavia nach Ambon zu kommen, was knapp der halbe Weg ist, wie Barthema's Reise. Wurffbain sagt ausdrücklich (vierzehnjährige Reisebeschreibung. 1646. Nürnberg. S. 22), dafs gegen den Monsun entweder gar nicht oder aber anders nicht, denn mit sonderbarer Beschwerung, gesegelt werden kann.

Eine gleiche Schwierigkeit macht übrigens auch die 11 tägige Reise von Tenasserim nach Bengalen, im Verhältnis zu der darauf folgenden 8 tägigen von Pegu nach Malakka. Fiel die Reise noch in die Zeit der nördlichen Winde des Winters, so ist die Schnelligkeit der Reise Tenasserim-Bengalen unverständlich, fiel sie in die Zeit der sommerlichen Südwinde, so sind 8 Tage für Pegu-Malakka zu wenig. Fiel die Reise gerade in die Zeit des Wechsels der Monsune, so wären beide Reisen mit dem ungünstigsten Wind zu machen gewesen und demnach beide Zahlen bedenklich.

schrauben, was ganz offenbar zu wenig ist, so würden wir noch immer nicht aus dem Ostmonsun herauskommen. Wahrscheinlicher ist es aber, daſs wir alle Aufenthalte zu kurz berechnet haben, und daſs Barthema nicht Anfang Juni, sondern noch später, im Juli, in Pedir war. Darauf weist auch die Notiz hin, daſs jährlich 18—20 Schiffe mit langem Pfeffer nach Cathai (China) fahren, „weil sie sagen, daſs die extreme Kälte dort beginnt", was doch nur den Sinn haben kann, daſs sie damals gerade abfuhren, um noch vor der extremen Kälte in ihrer Heimat zu sein.

Keinesfalls ist es demnach richtig, daſs Barthema im Juni in Java war. Er behauptet dies zwar selbst nicht bestimmt, da er nach eigener Angabe die Monate und zuweilen auch die Namen der Tage verloren habe; daſs er aber bei seinen kurzen Reisen und dem baldigen Verkehr mit Mohammedanern in Malakka oder nachher aus seinen Notizen nicht einmal die Monate hat zurückberechnen können, ist doch merkwürdig bedenklich. Schätzen wir die Reise von den Molukken nach Borneo auf 10 Tage, so waren es von Pedir bis Java immerhin 42 Reisetage, mit mindestens 18 Rasttagen, demnach etwa 2 Monate, sodaſs Barthema frühestens Mitte August, wahrscheinlich aber Ende September oder Anfang Oktober, nach Java kam; in letzterem Falle würde dann sogar auch seine Erzählung von dem nach Süden gerichteten Schatten in Java sich als Lüge entpuppen. Setzen wir aber auch den unwahrscheinlichen, jedoch den für Barthema günstigsten Fall, also Mitte August für seine Ankunft in Java an, so würde, da er 14 Tage in Java verweilte und 15 Tage nach Malakka fuhr, seine Ankunft an letzterem Platz auf Mitte September zu datieren sein. Die Überfahrt nach Coromandel dauerte 15 Tage, der Aufenthalt dort nahm 20 Tage in Anspruch; geben wir also dem Aufenthalt in Malakka, wo er sich von den chinesischen Christen verabschiedete und wo sein Begleiter für die kolossale Summe von 5000 Pardai = 70 000 M. Gewürze kaufte und einlud, auch nur die dafür lächerlich kurze Frist von 8 Tagen, so wäre Barthema Mitte Oktober von Coromandel aufgebrochen. In Colon hielt er sich noch 12 Tage auf, von dort nach Calicut brauchte er 10 Tage; setzen wir die Reise von Coromandel nach Colon auch nur auf 8 Tage an, so wäre Barthema Mitte November in Calicut angekommen. In Calicut aber muſs er längere Zeit geblieben sein; denn er erzählt, wie er sich allmählich in einen mohammedanischen Heiligen umwandelte, indem er jede Nacht in der Moschee schlief, was doch mindestens 8 Tage in Anspruch nahm. Dann kurierte er zwei Tage einen kranken mohammedanischen Kaufmann und überlegte noch 8 Tage mit den dortigen Portugiesen, wie er entfliehen könne.

Hierauf kam die Nachricht, dafs eine portugiesische Flotte[1]) in Canonor angekommen sei; am nächsten Tage predigte er, den folgenden Tag gab er vor, krank zu sein, und afs dann 8 Tage nur heimlich nachts mit den Christen, endlich an einem Donnerstag, am 3. December, entfloh er. Wir sehen also, er war mindestens 28 Tage, wahrscheinlich viel länger in Calicut; da er nach seiner Reisebeschreibung aber allerfrühestens erst Mitte November angekommen sein kann, so konnte er also am 3. December noch nicht fliehen. Dies bezieht sich aber nur auf eine fortlaufende Kette von Minimalterminen mit lauter günstigen Winden und unter absichtlicher Verdrehung der Monsunverhältnisse, während er bei einer weniger forcierten Reise, auf die jede einzelne von Barthema selbst angegebene Zahl hindeutet, erst Ende Februar von Calicut hat fliehen können.

Hier haben wir demnach einen beinahe strengen Beweis, dafs die Angaben über seine Reise durchaus unrichtig sind, dafs die zur Verfügung stehende Zeit in der That nicht genügte, um die angegebene Reise machen zu können. Eliminieren wir dagegen die dreimonatliche Reise von Pedir über Banda, die Molukken, Borneo und Java bis Malakka, so stimmt die Zeit im Gegensatz hierzu recht gut, und wir können längere Aufenthalte und dazwischen auch die ja unvermeidlichen Hindernisse durch ungünstige Winde u. s. w. in Rechnung setzen.

Fassen wir also im Rückblick alle unsere Beweise zusammen, so haben wir gesehen, dafs sowohl die geographischen wie die klimatologischen, ethnologischen, botanischen und auch die nautischen und kommerziellen Angaben Barthema's in Bezug auf seine Reise im Malayischen Archipel fast sämtlich entweder durchaus falsch oder im höchsten Grade unwahrscheinlich bzw. konfus sind, und dafs diese Reise in der geschilderten Weise nicht nur wegen der inneren Fehler, sondern auch schon wegen der Windverhältnisse sowie wegen der nicht genügenden ihm zur Verfügung stehenden Zeit unmöglich war. Letztere Schwierigkeit hat er offenbar selbst empfunden und sich dadurch zu einigen direkt lügenhaften Angaben verleiten lassen. Sehen wir ab von der unter Vorbehalt gegebenen Annahme, dafs sein Aufenhalt in Java in den Juni fiel, obgleich es mindestens 2, wahrscheinlich 3—4 Monate später erst hätte möglich sein können, so sagt er gelegentlich seiner Rückkunft nach Calicut, dafs er vier Jahre nicht mit Christen gesprochen

[1]) Es war das zweifellos die Flotte unter dem Vicekönig d'Almeida, die in der That im Spätherbst 1505 in Indien eintraf und am 24. Oktober nach Canonor kam (nach de Barros). Da diese Nachricht sich gewifs mit Windeseile an der indischen Küste verbreitete, so beweist es, dafs Barthema sicher thatsächlich Ende Oktober schon in Calicut gewesen sein mufs, was mit seiner auf frühestens Mitte November berechneten Ankunft nicht stimmt.

habe. Wir wollen annehmen, dafs er gemeint hat, mit europäischen
Christen, denn mit indischen und chinesischen Christen war er ja
immerfort zusammen; aber selbst in diesem Falle stimmt die Rech-
nung nicht, denn frühestens Ende 1502 hat er Europa verlassen und
Ende 1505 war er, wie wir sahen, wieder auf der Rückreise in Calicut.
Ferner sagt er gelegentlich seiner Rückreise nach Europa im Jahr 1507,
dafs er 7 Jahre fern von seiner Heimat gewesen sei, während es in
Wirklichkeit nur 5 Jahre gewesen sind.

Wie es mit Barthema's Wahrheitsliebe im übrigen steht, das zu er-
läutern, liegt hier keine Veranlassung vor; dafs er oft übertreibt, ist
ganz sicher. Er war offenbar kein sehr gebildeter Mann, sondern ein
Abenteurer, wie seine Zeit viele hervorgebracht hat. Ein fortlaufendes
Tagebuch hat er zweifellos nicht geführt, und viele seiner falschen Angaben mögen wohl auch hierauf zurückzuführen sein: so die Un-
genauigkeiten in Bezug auf den Flufs bei Shiraz in Persien, die Weg-
länge von Ormuz nach Eri (Herat), manche von Burton hervorgehobene
Irrtümer in der arabischen Reise. Andere Fehler beruhen wohl auf
Erzählungen von Schiffern, so z. B. die Dächer aus Schildkrötenschalen
in Sumatra, der seltsame Vogel in Tenasserim, aus dessen oberem
Schnabelteil Schwerthefte gemacht werden[1]); wie weit die bei den Hindus,
aber nicht bei den Buddhisten übliche Witwenverbrennung damals
auch in Tenasserim geherrscht haben mag, läfst sich jetzt ebenso wenig
entscheiden, wie sich die merkwürdige Sitte, das Risiko *primae noctis*
auf Fremde abzuwälzen, nicht von vornherein bestreiten läfst, zumal
auch in späteren Zeiten von Arracan berichtet wird, dafs namentlich
holländische Seeleute mit diesem Freundschaftsdienst betraut wurden.
Ebenso beruht die Angabe, dafs über 1000 Christen in der birma-
nischen Armee von Pegu dienten, wohl sicher auf Verwechslung mit
den gleichfalls eine Dreieinigkeit verehrenden Buddhisten, obgleich es
merkwürdig erscheint, dafs nicht die ganze Armee aus Buddhisten bestand, da doch der Buddhismus überhaupt in Birma die herrschende
Religion war. Auch die Schilderung von der reichen christlichen Ge-
meinde in der Stadt Sarnau erscheint etwas bedenklich. Im allgemeinen hingegen wird man sicher zugeben müssen, dafs seine Beobach-
tungen viel zu detailliert und in den Grundzügen doch zu genau sind
und auch zeitlich mit den historisch verbürgten Begebenheiten zu gut
übereinstimmen, als dafs man annehmen kann, dafs die Reise überhaupt erdichtet sei. Im ersten Augenblick glaubte Verfasser die Er-

---

[1]) Nach Prof. Owen (vgl. Nota zu Hakl. Soc. ed. S. 200) könnte es *Buceros
galeatus* sein, ein Nashornvogel, der nur im Malayischen Archipel vorkommen soll,
jedoch leicht verarbeitet nach Tenasserim übergeführt worden sein kann.

gebnisse in Bezug auf die Molukken-Reise., dahin verallgemeinern zu können, dafs das ganze Buch ein Produkt der Studierstube sei, jedoch mit Unrecht. Nicht nur der Stil ist viel zu lebendig, naiv und von elementarer Frische, sondern für einen Gelehrten, namentlich für einen Italiener, wäre es in jener Zeit absolut unmöglich gewesen, alle diese Informationen aus vorher grofsenteils noch nie betretenen Gegenden zu erhalten, und keinesfalls hätte er es vermocht, dieselben in so richtiger Reihenfolge und harmonisch aneinander zu fügen[1]).

Der bei weitem beste Beweis dafür wird aber durch die portugiesischen Historiker selbst geliefert. De Barros z. B. sagt (De Asia. Dec. I lib. 10, cap. 4): Wie er (Don Lourenzo D'Almeida) noch vor Kalekut lag, um den Beginn[2]) des Jahres 1506, kam ein Italiener[3]) zu ihm und gab ihm Bericht von einer grofsen Flotte, die daselbst segelfertig läge, und zu gleicher Zeit erbot er sich, dem Don Lourenzo die beiden Stückgiefser (geflohene Portugiesen) zuzuführen, deren wir früher erwähnt haben. Diese Eröffnungen bewogen den Don Lourenzo, ihn an seinen Vater abzusenden. Don Francisco schickte ihn mit Verhaltungsbefehlen an seinen Sohn zurück und trug ihm auf, die beiden Stückgiefser abzuholen. Dieses gelang ihm aber nicht, sondern der Samorin, der ihre Absicht zu entfliehen, entdeckt hatte, liefs sie hinrichten: all dieses findet sich, natürlich viel ausführlicher, auch in Barthema's Reisebeschreibung als seine eigenen Erlebnisse berichtet.

Wie ein Fremdkörper erscheint nun die Molukken-Reise in dem Werk. Während Barthema sonst über jede Stadt ausführliche und charakteristische Einzelheiten giebt, ist das, was er über Banda, die Molukken, Borneo und Java mitteilt, brockenhaft, fragmentarisch und künstlich ausgedehnt durch nicht dazu gehörende Besprechungen mit den Christen oder Bemerkungen über nautische Einzelheiten. Und

---

[1]) Der Übersetzer der englischen Ausgabe, John Winter Jones, sagt darüber: „It is impossible to peruse Varthema's narrative and not feel a conviction, that the writer is telling the truth, that he is recording events, which actually took place, and, describing men, countries and scenes which he had examined with his own eyes. There is a manifest absence of all attempt at composition. The tale is told with a charming simplicity and all the concise freshness of a note-book, and the author has evidently not stopt to consider whether the word he used was Bolognese, Venetian or Lingua Toscana".

[2]) Nach Castanheda, Historia do Descobrimento etc. im Februar.

[3]) Bei den älteren das gleiche berichtenden Historikern wird er meist Ludovico Romano (auch gelegentlich Ludovico Patricio) genannt, wie überhaupt über seine Herkunft (sogar deutsche Abstammung kommt in Frage) und seinen wahren Namen ein geheimnisvolles Dunkel schwebt. Hieronymus Osorius, De rebus Emmanuelis, 1576, S. 130b, nennt ihn sogar Lodovicus Wartmanus.

doch liegt vielem in dieser Episode eine, wenn auch mifsverstandene, reelle Basis zu Grunde. Barthema hat wenigstens nicht ins Blaue hinein fabuliert; er nennt keine Insel, die nicht wirklich existierte, hat wenigstens eine ganz allgemeine Idee, wo sie lagen, was sie produzieren, und von welcher Art Leuten sie bewohnt wurden. Dies kann er nicht erdichtet und auch nur zum kleinsten Teil aus früheren Reisebeschreibungen, die es nur über einige der Inseln gab, geschöpft haben. Bei genauer Betrachtung merkt man sogar, dafs die Schilderung die Antworten auf planmäfsig gestellte Fragen zusammenfafst; die Fragen drehen sich bei jeder Insel um Entfernung, Richtung, Gröfse, Regierungsform, Aussehen und Kleidung der Einwohner, Religion, Gerichtsbarkeit, Sitten und Lebensweise derselben, ferner um Handel und Produkte des Landes, Fragen die von den malayischen Schiffern natürlich in oberflächlicher, stark übertreibender Seemannsweise beantwortet und ebenso von ihm reproduziert werden. In Pedir und Malakka hat Barthema offenbar die östlichste Grenze seiner Reise erreicht, und was er von den Inseln dahinter sagt, beruht wohl im wesentlichen auf Mitteilungen dort angetroffener malayischer Händler, vielleicht auch eines wirklichen chinesischen oder siamesischen nestorianischen Christen.

So wie die Sachen stehen, ist also d'Abreo wieder als der Entdecker von Ambon und den Banda-Inseln, Francisco Serrano als derjenige von Ternate und Tidore anzusehen, und Barthema hat demnach endgiltig aus der Konkurrenz um den Ruhm, die Gewürz-Inseln entdeckt zu haben, auszuscheiden.

Mag das bisherige auch genügen, um zu erweisen, dafs Barthema nicht der Entdecker der Molukken gewesen ist, so müssen wir doch zum Schlufs noch eine dritte, sehr eigentümliche Molukken-Fahrt besprechen, die unter Umständen als Entdeckungsreise in Betracht kommen könnte. Sie findet sich wiedergegeben im Anhang zu dem schon oft citierten, angeblich von Duardo Barbosa geschriebenen Werk, das in der Hakluyt Society Edition im Anschlufs an das Manuskript in Barcelona „die Küsten Ost-Afrikas und Malabars" betitelt ist; der in italienischen Übersetzung von Ramusio fehlt dieser Anhang und ebenso in der portugiesischen Ausgabe, dagegen findet er sich sowohl in dem spanischen Manuskript von Barcelona als auch in dem in München aufbewahrten.

Die Überschrift lautet: Reise, die Juan Serano machte, als er von Malaca mit drei Portugiesen und Cristoval de Morales aus Sevilla in einer Caravel floh, die er in Malaca stahl, in welche er gewisse malayische Seeleute, Eingeborene von Malaca hineinthat, um das Jahr unseres Herrn Jesus Christ Eintausend fünfhundert und zwölf[1]) Jahre.

Nach dieser merkwürdigen, aber sensationellen Überschrift folgt die Erzählung, wie ein Kapitän, der hier aber nicht, wie in der Überschrift, Juan, sondern Francisco Serrano heifst, mit drei Christen (darunter ein Spanier) und 5 Eingeborenen von Malaca in einer Caravelle nach Pegu fährt, wo es eingeborene christliche Kaufleute giebt, die in Kamelot und Bocassin[2]) gekleidet gehen, — während der König, ein Götzenanbeter, andere Kleider trägt, die bis zu den Füfsen reichen und voll von Goldringen, Geschmeide und Perlen sind. Die Steine kommen aus dem Königreich Pegu selbst, drei Tagereisen im Inland. Die Frauen stürzen sich, wenn die Männer sterben, ins Feuer; der König führt beständig Krieg mit anderen mächtigen Königen, sei es der von Camboja, Siam oder Chonchin-Chinam. — Von hier kamen sie nach der etwa 250 Leguas im Umfange grofsen Insel Sumatra und zwar nach dem grofsen Hafen und der volkreichen Stadt Pedir. Nach der Position, der Aussage der Piloten und der alten Geographen ersahen sie, dafs die Insel das alte Taprobana sei, wo es vier heidnische Könige giebt; auch hier stürzen sich die Frauen nach dem Tod ihrer Männer ins Feuer. Die Einwohner sind von kleiner Statur, weifs, mit grofsen Vorderköpfen, grauen runden Augen, langem Haar und flachen Nasen. Viel Seide wird auf der Insel produziert und wächst von selbst auf den Bergen, wo auch viel Storax und Benjuy-Bäume etwas im Inland sich befinden. — Nachdem sie Pedir verlassen und die nördliche Küste herunter gefahren waren, wendeten sie sich nach Süd und Südost und erreichten da ein anderes Land und eine Stadt, die Samatra heifst, wo es viele Kaufleute giebt, in einem einzigen Viertel allein 500 Geldwechsler. Dort sind unzählige Seidenmanufakturen, die Einwohner gehen in Baumwolle; sie fahren in Schiffen, die aus einer Art Rohr gemacht sind, Juncos genannt werden und drei Masten und zwei Steuerruder besitzen. Wenn eine steife Böe kommt und der Wind konträr ist, so werden andere Segel am zweiten Mast aufgespannt. Die Häuser in der Stadt Samatra und auf der Insel sind aus Stein und Kalk, niedrig und mit Schildkrötenschalen bedeckt. Jede dieser Schalen bedeckt so viel wie zwei oder drei Schilde; sie sind in ihrer Naturfarbe bemalt wie die unsrigen. Hierauf beginnt die Molukken-Reise, die wir nun wörtlich übersetzen wollen.

---

[1]) In dem einen Münchener Manuskript soll 1522 stehen.

[2]) Baumwollene gedruckte und geglänzte Tücher, wie sie früher vornehmlich in Vorder-Asien und Persien hergestellt wurden.

„Von hier hielten wir uns nach Osten bis zu den Banda-Inseln und
fanden neben dieser, welche den andern den Namen giebt, 20 Inseln. Es ist ein trocknes Land, das Früchte trägt; einige dieser Inseln
sind unbewohnt, die Bevölkerung ist wie die Bauern von Malabar und
Calicut, die Poliares[1]) und Gicanales genannt werden; sie haben eine
niedrige Lebensweise und geringen Verstand. Eine nutzbringende
Ware wird auf Banda gefunden, nämlich die Muskatnufs, die hier in
grofser Menge und in verschiedenen Sorten wächst."

„Von hier reisten wir ab nach andern Inseln, die im Nordosten
und Ost-Nordosten liegen, durch viele Kanäle hindurch nach den
Inseln Maluco. Auf ihnen wachsen viele Gewürznelken; es sind zusammen fünf, und die gröfste derselben ist kleiner als Banda. Das
malukkische Volk ist sehr schlecht und wenig wert, sie sind sehr
bestialisch und von brutaler Lebensart, sie unterscheiden sich nicht
von den Tieren, was ihre Sitten betrifft, sondern nur durch das mensch-
liche Antlitz. Sie sind weifser als die anderen Rassen dieser Inseln.
Die Gewürznelken wachsen auf einer anderen Insel, die kleiner ist
und Tidore heifst; der Baum, auf dem sie wachsen, ist wie der Buchsbaum.
Wenn die Nelken auf den Bäumen reif sind, so breiten sie Kleider
oder Laken auf der Erde aus und schütteln[2]) den Baum, und die
Eingeborenen sammeln, so viel sie können. Das Land besteht aus
Erde, Lehm und Sand. Es ist so nahe der Linie, dafs der Nordstern
nicht gesehen werden kann, und dann segeln sie nach gewissen Sternen,
an die sich die Orientalen gewöhnt haben. Und nachdem wir von
hier nach einer andern zweiten Insel gefahren waren, blieben wir vier
Christen und einige Malayen dort; und hier erwies der König von
Maluco grofse Ehre an Francisco Serrano, dem oben erwähnten Kapitän,
und verheiratete ihn in Ehren an seine Tochter, und den anderen,
die zu gehen wünschten, gab er die Erlaubnis zu gehen und die Stadt
und Insel Java zu sehen. Auf dem Weg fanden wir eine Insel, die
Borney heifst, die 50 Leguas von Maluco entfernt ist, und sie ist etwas
gröfser als Maluco und viel niedriger. Ihre Bevölkerung verehrt
Götzenbilder, sie sind ziemlich weifs und gehen mit Hemden bekleidet,
ähnlich denen der Matrosen, und im Gesicht sind sie ähnlich dem
Volk der Stadt Cayro; sie kleiden sich in Kamelots."

„Von dieser Insel gingen wir zu einer anderen und nahmen andere
Matrosen. In diesem Lande wächst viel Kampher, indem dort viele
Bäume sind, in denen er wächst, und von hier setzten wir über nach
der Insel Zaylon, wo wir nach drei Tagen ankamen; und es hatten

---

[1]) Nach anderer Lesart Colayres und Giravales.
[2]) In der engl. Übersetzung steht *sweep* = fegen.

die Schiffer, die wir in Borneo nahmen, eine Karte für die Navigation, und sie hatten eine Nadel und Magnet und eine Karte, auf der sie viele Linien und Striche hatten, worüber wir in hohem Maſs erstaunt waren, und zu ihnen darüber auf malayisch sprachen: und da der Nordstern von uns in diesen Ländern gewichen war, erzählten die Seeleute uns, daſs sie sich durch die ganze Region durch fünf Sterne leiten lieſsen, hauptsächlich durch einen Stern gegenüber dem Norden, nach dem sie fortwährend steuerten, und hierzu führen sie stets eine Nadel und Kompaſs, weil dieser Stein immer dem Norden folgt, wohin sie kontinuierlich segeln, und er wendet sich nie von Norden, und sie sehen zu diesem Zweck auf ihn; und die Seeleute von Borneo erzählten uns, daſs in jenem Teil der Insel ein Volk sei, daſs die entgegengesetzten Sterne gegenüber dem Norden für die Navigation brauche; und welches fast die Antipoden von Tropia und Sarmatra zu sein schienen, und daſs dieses Volk in der kalten Zone nahe dem antarktischen Pol wohne, welches anscheinend in dem Land nicht mehr als vier Stunden Tageslicht besitze; denn das Land ist sehr kalt, bis zu einem wunderbaren Grad, weil das Klima wie das ist, welches nahe dem arktischen Pole existiert."

„Nachdem wir diese Insel verlassen, gingen wir nach der Insel Java, wo wir vier Arten Könige trafen, die verschiedenen Riten folgen, alles Götzenanbeter, die Götzen verehren, einige die Sonne, andere den Mond, andere beten die Kühe an und eſsbare Sachen, und andere beten den Teufel an. Da sind andere Rassen, die mit Mantel und Burnussen aus Seide und Kamelot bekleidet gehen."

„Es giebt in diesem Java einige, die ihre Eltern verkaufen, wenn sie sehen, daſs sie alt und hinfällig sind, an eine andere Nation, die Kannibalen oder Anthropophagen genannt werden, die Heiden sind, auch in gleicher Weise verkaufen Brüder ihre Brüder, wenn sie krank sind; wenn sie an der Besserung verzweifeln, so bringen sie sie auf den Markt und verkaufen sie an jene Cariben, indem sie sagen, daſs Menschenfleisch mit so viel Sorgfalt und Luxus aufgebracht ist, daſs es keinen Sinn haben würde, daſs die Erde es verzehren solle."

Hiermit schlieſst die Reisebeschreibung plötzlich ab, und man ahnt nicht, wie die Leute wieder nach der Heimat kamen. Wir aber, die wir Barthema's Reisebeschreibung kennen, ersehen ohne weiteres aus dieser Schilderung den Zusammenhang mit Barthema, und es ist seltsam, daſs der Herausgeber der Hakluyt Edition dies nicht auch bemerkt hat. Die Schilderung, die Reihenfolge, alle Sonderheiten, Irrtümer und Fehler finden sich in geradezu auffallender Übereinstimmung an beiden Orten. Es fragt sich nur, wer hat den andern kopiert? Auch wenn man ganz von den gegebenen Jahreszahlen absieht, erkennt man doch sofort, daſs diese letztere Schilderung das sekundäre, Barthema's Darstellung das primäre ist. — Manches, was sich bei Barthema findet, ist hier ausgelassen, vieles in ganz verwirrender Weise entstellt, das wenige, was hier neu hinzugefügt ist, besteht entweder aus erklärenden oder vervollständigenden Notizen, oder es sind Ergebnisse allgemein geographischer Erwägungen primitivster Natur, ja zuweilen sogar erdichtete, fast stets fehlerhafte, zuweilen geradezu kindische Bemerkungen. Zu den Vervollständigungen gehört z. B., daſs die Fahrt von Pedir zuerst die nördliche Küste hinunter und dann südlich und südöstlich, daſs dann die Fahrt nach Banda nach Osten ging, daſs die eine dieser Inseln den 20 anderen den Namen giebt, während Barthema nur bemerkt, daſs sie bei 20 Inseln vorbei kamen; ferner daſs Muskatnüsse verschiedener Sorten dort vorkommen, daſs es zusammen fünf Molukken-Inseln giebt, daſs die Nelken nur auf Tidore wachsen, daſs das Land aus Erde, Lehm und Sand besteht, und manches mehr. Zu den hinzugesetzten allgemeinen geographischen Erwägungen gehört der Satz über die Antipoden von Tropia und Sarmatra, sowie von dem Volk nahe dem antarktischen Pol, welches hier anstatt hinter Java anscheinend nach Borneo verlegt ist. Zu den erdichteten Bemerkungen gehört, daſs die Leute von Borneo dem Volk von Kairo ähnlich sehen sollen, und daſs die Reisenden von Borneo nach der Insel Zaylon in drei Tagen übersetzten; ebenso ist natürlich, was über die Teilnehmer und Francisco Serrano's Heirat in den Molukken gemeldet wird, ein Zusatz. Auch läſst diese Beschreibung die Reisenden sowohl auf Sumatra als auch in den Molukken und Borneo je an mehreren Orten Halt machen, im Gegensatz zu Barthema. — Das Ganze macht den unzweifelhaften Eindruck, daſs es eine Bearbeitung von Seiten einer nicht die geringste Sachkenntnis besitzenden Person sei. Da kann es natürlich auch nicht wunderbar erscheinen, daſs Serrano von Malakka über Pegu nach Sumatra fährt, und daſs es auf der Insel Sumatra noch ein besonderes Land Samatra giebt, in dem der Kompilator offenbar Barthema dahin miſsversteht, daſs er glaubt, das von jenem in verschiedenen Kapiteln Mitgeteilte beziehe sich auf zwei verschiedene Orte, Pedir und Sumatra.

Es gab nun aber in der That mehrere Serranos unter den portugiesischen Seefahrern jener Zeit. Der bekannteste ist der schon oben erwähnte Francisco Serrano, der Entdecker der eigentlichen oder nördlichen Molukken. Da wir über seine Expedition, wie oben ausgeführt, genau orientiert sind, indem wir wissen, daſs er 1511 sofort nach der Eroberung Malakkas durch Albuquerque als Unterbefehlshaber d'Abreo's, als Kommandant eines Schiffes, über Java nach Ambon ging, daſs sein Schiff scheiterte, daſs er in Banda eine Dschunke mietete, die auf den Lucipara-Inseln scheiterte, dann in einem Boot der Eingeborenen nach Ambon und schliefslich nach Ternate kam, wo er bis zu seinem Tode 1521 blieb, so kann er die obige ganz anders verlaufende Reise nicht gemacht haben, weder im angeblichen Jahr 1512 noch in irgend einem anderen. Wohl aber stimmt, dafs er auf den Molukken blieb und dort grofsen Einflufs hatte; auch hatte er eine Eingeborene zur Frau, die ihm einen Sohn und eine Tochter schenkte, doch war es nach Pigafetta eine Javanin, also keine Königstochter. Serrano wurde 1521, 8 Monate vor der Ankunft der Spanier, von dem König von Tidore vergiftet und starb vier Tage, nachdem ihm das Gift in Betel- blättern beigebracht worden war. Auch einen João Serrão (Juan Serrano) gab es. De Barros erwähnt ihn im Jahr 1505, wo er auf der Insel Anzediva in Indien aus mitgebrachten fertigen Hölzern eine Galeere zusammensetzte. Barthema erwähnt ihn gleichfalls als Komman- danten der Galeere, die ihn (Barthema) 1506 von Canonor nach Cochin brachte. Offenbar derselbe João Serrão begleitete später die Expediton Noronha's nach El Catif und der Insel Hormuz im Persischen Golf. Ein João Serrão war ein Busenfreund Magellan's und wird mit ihm bei der Expedition Francisco d'Almeida's gegen Quiloa im Jahr 1515 erwähnt. Schliefslich findet sich ein Mann gleichen Namens als Kommandant des Schiffes Santiago in der grofsen Flotte von Magellan im Jahr 1519; er wird angeführt als ein Portugiese, der viel Erfahrungen in Indien und den Molukken besitze. Dieser wurde in den Philippinen nach dem Tode Magellan's bei dem verräterischen Gastmahl auf Zebu gefangen genommen, aber nicht, wie sein Gefährte Barbosa, ermordet, sondern es wurde hohes Lösegeld für ihn verlangt, welches jedoch von dem Unterbefehlshaber der Flotte, offenbar aus ehrgeizigen Gründen. nicht bewilligt wurde; so wurde er schmachvoll im Stich gelassen, und über sein ferneres Schicksal wissen wir nichts. — Ob all dieses sich auf dieselbe Person bezieht oder auf verschiedene desselben Namens, ist un· klar; sicher ist aber, dafs eine Reise mit einem gestohlenen Schiff und Verheiratung auf den Molukken auf keine dieser Persönlichkeiten pafst.

Wir sehen demnach, dafs die ganze Reisebeschreibung Serrano's ein Plagiat ohne reelle Basis ist, die keinesfalls bei der Frage in Betracht kommt, wer der Entdecker der Molukken sei. Es entsteht aber nun die Frage, wie kommt nur ein solches Machwerk an das Ende eines so hervorragenden Werkes, wie die Länderbeschreibung Barbosa's? Aus den spanischen Manu- skripten geht deutlich hervor, dafs dieser fremdartige Anhang nicht etwa durch Zufall angeheftet worden ist, denn die Handschrift soll durchaus übereinstimmen; wohl dagegen läfst sich nach Stanley, dem Herausgeber der Hakluyt Edition Barbosa's, feststellen, sowohl aus dem

Stil als aus den Ausdrücken, dafs der spanische Übersetzer des Werkes Barbosa's und der Verfasser (bzw. Übersetzer) der Reise Serranos nicht die gleichen sind.

Ohne es streng beweisen zu können, denke ich mir nun den Zusammenhang folgendermafsen. Die Länderbeschreibung Barbosa's ist, wenn nicht in der Absicht geschrieben, so doch aller Wahrscheinlichkeit nach von Magellan als Memorandum benutzt worden, um Karl V. zur Ausrüstung einer Flotte für die Erdumsegelung zu bewegen. Diese Annahme liegt überaus nahe. Das Werk Barbosa's war schon vollendet zu der Zeit, als Magellan in Spanien die Ausrüstung einer Flotte durchzusetzen sich bemühte. Die ganze Schrift Barbosa's stellt sich dar nicht als Reisebeschreibung, sondern als sachliche Sammlung von Daten, wie sie nur entweder in rein wissenschaftlichen Werken oder in Denkschriften zusammengestellt werden, und bei einem Indienfahrer wie Barbosa liegt letztere Ansicht näher als erstere. Aufserdem war Barbosa als Verwandter und Freund Magellan's von den Plänen des letzteren unterrichtet, und es spricht demnach manches für die Ansicht, dafs das Werk schon in der Absicht geschrieben wurde, um als Unterlage für die Verhandlungen mit der spanischen Regierung zu dienen. Ja Stanley möchte sogar glauben, dafs Magellan selbst der Verfasser des angeblich Barbosa zugeschriebenen Buches sei, und sucht dies damit zu begründen, dafs er betont, Magellan sei schon 1512 nach Europa zurückgekehrt, Barbosa dagegen 1517, frühestens 1515, während das Werk schon 1516 beendet war. Diese Annahme erscheint mir freilich nicht sehr wahrscheinlich; erstens giebt doch Ramusio ausdrücklich an, dafs Barbosa der Verfasser sei, und zweitens werden die Ereignisse in Indien in dem Werke bis 1514 erwähnt. Wäre Magellan, der doch schon seit 1512 in Europa weilte, der Verfasser, so wäre es unverständlich, warum er die Ereignisse der letzten Jahre nicht mit erwähnt haben sollte, während es durchaus verständlich ist, dafs Barbosa nur das schildert, was er in Indien selbst erlebt hat. Auch die Vermengung der zwei Seegefechte bei Diu der Jahre 1508 und 1509 kann meiner Meinung nach keinen ernsten Einwand bilden, da Barbosa ja in ganz anderen Teilen Indiens damals geweilt haben mag.

Ob nun das Werk in der Absicht, als Denkschrift zu dienen, geschrieben wurde oder nicht, dafs Magellan diese Schrift, die er ganz unzweifelhaft kannte, bei den Verhandlungen mit dem Hofe in Spanien als Unterlage benutzte, läfst sich mit gutem Grund annehmen. Nicht nur die Zeit stimmt sehr gut damit. Denn als Magellan am 20. Oktober 1517 mit zwei anderen unzufriedenen Portugiesen (war Barbosa selbst vielleicht einer derselben?) bei Karl V. in Sevilla war, um ihm die Eroberung der Molukken von Osten her vorzustellen, war Barbosa's Werk

. zweifellos schon in seinen Händen; auch gewisse Angaben des Werkes deuten geradezu auf tendenziöse Überarbeitung desselben hin. In dem portugiesischen, 1812 in Lissabon herausgegebenen Manuskript finden sich einige auf die Glorifizierung der Portugiesen ausgehende Zeilen, die wir in dem spanischen Manuskript vermissen. Tendenziös erscheint mir aber auch das Vorherrschen der östlichen Richtung in den Angaben der spanischen Übersetzung über die Molukken. So liegen die Ambon-Inseln (Dandon) nach der spanischen Übersetzung von Barbosa 100 Leguas nordöstlich von Banda, die Maluco-Inseln ihrerseits wieder 25 Leguas nordöstlich von Ambon, was alles zu den damals längst bekannten Thatsachen im krassen Widerspruch steht, während es freilich in Bezug auf Banda heifst, dafs diese Insel nordwestlich von Timor liege, welcher Irrtum also den spanischen Ansprüchen eher ungünstig sein würde. Während sich nun letztere Angabe auch in Ramusio's italienischer Übersetzung findet, also zweifellos ursprünglich ist, fehlen die anderen Richtungs- und Entfernungsangaben (in Leguas) in der Übersetzung Ramusio's, sowie in der Lissaboner Ausgabe. Hieraus geht also hervor, dafs es spätere Einschiebsel sind; ob sie schon von Magellan oder von Diego Ribero, dem Geographen Karls V., der bei der 1524 entstandenen spanischen Übersetzung des Werkes durch den genuesischen Gesandten Martin Centurion mitgewirkt hat, hinzugefügt wurden, mufs freilich dahingestellt bleiben.

Finden wir also in der spanischen Bearbeitung von Barbosa's Werk schon manches, was nach Tendenz aussieht, so ist die Reisebeschreibung Serrano's durchaus eine Tendenzschrift. Entstanden aus einer sehr freien und in unwissender Weise ausgeführten Umarbeitung Barthema's wird hier die bei Barthema herrschende südliche Reiserichtung tendenziös in eine östliche umgeändert, so dafs selbst die eigentlichen Molukken in den Nordosten oder Ost-Nordosten von Banda zu liegen kommen. Wie in der spanischen Übersetzung Barbosa's soll auch hierdurch natürlich erwiesen werden, dafs infolge der Abteilung der Welt zwischen Spanien und Portugal durch die Bulle des Papstes Alexander VI. die Spanier und nicht die Portugiesen auf die Molukken Ansprüche hätten. Auch die Unterschiebung des Namens Francisco Serrano ist offenbar tendenziös, wenn man bedenkt, dafs Magellan ihn als Freund und Verwandten Karl V. gegenüber reklamieren konnte und ja auch Briefe von ihm besafs, die (nach de Barros) die Entfernungen und den Wert der Molukken absichtlich übertrieben. Seine Heirat drüben (fälschlich mit einer Königstochter) und sein Einflufs auf den Molukken wurde natürlich absichtlich erwähnt, um in den Augen Karl's V. die angeblichen Chancen der gewünschten Expedition zu verstärken. Ebenso mufste diesen fingierten Reisenden das angebliche Stehlen einer Caravelle bei den Portugiesen unmöglich machen,. und schon hierdurch erschien sein Interesse mit dem der Spanier eng verknüpft. Ob die Veränderung des Vornamens von Serrano in der Überschrift (Francisco in Juan) gleichfalls tendenziös ist, will ich nicht behaupten; immerhin ist es aber denkbar, dafs man die Meinung erwecken wollte, der Portugiese Juan Serrano, der gleichfalls in spanische Dienste zu treten geneigt war und der sich ja in der That auch der Expedition Magellans anschlofs, sei derselbe, der in den Molukken so grofsen Einflufs habe.

Eins hingegen scheint mir sicher zu sein: Magellan und Barbosa selbst haben die Reisebeschreibung Serranos nicht kompiliert; denn selbst ·wenn sie sich zu einer solchen Fälschung hergegeben hätten, so würden sie, geleitet durch ihre Erfahrungen, das Bruchstück aus Barthema zweifellos in geschickterer Weise umgestaltet und namentlich die nautischen Ungereimtheiten vermieden haben. Wohl sicher ist es von einem Spanier geschrieben worden, aber wie oben erwähnt, nach Stil und Ausdrucksweise zu urteilen, keinesfalls von dem viel gelehrteren Übersetzer des Werkes Barbosa's ins Spanische. Dafs diese Reisebeschreibung aber nicht dem ursprünglichen Werk Barbosa's als Anhang angehört, dafür spricht auch das Fehlen derselben in Ramusio's und in der Lissaboner Ausgabe. Es war demnach zweifellos eine gesonderte Abhandlung, die derselben gelegentlich der Übersetzung Barbosa's ins Spanische einfach in Originalsprache als Anhang beigefügt worden ist.

Der Erfolg krönte die Bestrebungen Magellan's und seiner Genossen. Schon im August des Jahres 1519 konnten sie (neben Magellan auch Barbosa und Juan Serrano) diejenige Reise antreten, die einen Markstein in der Geschichte unserer Erde zu bilden bestimmt gewesen ist. Bekannt ist, dafs alle diese drei Führer den Ruhm der ersten Erdumsegelung nicht geniefsen sollten, da sie auf den Philippinen von Eingeborenen ermordet (bzw. verlassen) wurden, dafs dagegen der Rest der Expedition, darunter auch Pigafetta, zu den Molukken (Tidore) und schliefslich auch in die Heimat gelangte. Dafs diese Reise den Grundstein für den spanischen Besitz der Philippinen, sowie den Anfang der langwierigen Streitigkeiten zwischen Spanien und Portugal in den Molukken gebildet hat, braucht hier nicht weiter erörtert zu werden. Es liegt aber die Vermutung nahe, dafs neben der Audienz Magellan's bei Karl V. im Jahr 1517 auch das Memorandum Barbosa's und wahrscheinlich auch der lügenhafte Bericht Barthemas in der noch lügenhafteren spanischen Umarbeitung auf den Entschlufs des jugendlichen Herrschers gewirkt haben mag und demnach für das Zustandekommen jener epochemachenden Expedition von Bedeutung gewesen ist.

Lightning Source UK Ltd.
Milton Keynes UK
UKHW021842161222
414070UK00005B/196